让孩子们心动的故事

Good character is better

好品德更优秀

燕子 主编

哈尔滨工业大学出版社
HARBIN INSTITUTE OF TECHNOLOGY PRESS

图书在版编目(CIP)数据

好品德更优秀 / 燕子主编. — 哈尔滨：哈尔滨工业大学出版社，2016.1
（让孩子们心动的故事）
ISBN 978-7-5603-5400-2

Ⅰ. ①好… Ⅱ. ①燕… Ⅲ. ①童话－作品集－世界 Ⅳ. ①I18

中国版本图书馆 CIP 数据核字（2015）第 114399 号

让孩子们心动的故事

好品德更优秀

策划编辑	甄淼淼
责任编辑	刘　瑶
文字编辑	葛文婷　苗　青
装帧设计	麦田图文
美术设计	Suvi zhao　蓝图
出版发行	哈尔滨工业大学出版社
社　　址	哈尔滨市南岗区复华四道街 10 号　邮编 150006
传　　真	0451-86414749
网　　址	http://hitpress.hit.edu.cn
印　　刷	牡丹江邮电印务有限公司
开　　本	889mm×1194mm　1/32　印张 5　字数 60 千字
版　　次	2016 年 1 月第 1 版　2016 年 1 月第 1 次印刷
书　　号	ISBN 978-7-5603-5400-2
定　　价	16.80 元

（如因印装质量问题影响阅读，我社负责调换）

前言

嘿,亲爱的你,最近心情怎么样?晴空万里,还是阴云密布?或许你到了有"心事"的年龄了,让我猜猜,都有哪些烦心事呢?

是不是你被家长或者老师说,不合群、不愿与人分享、不爱思考、不愿和人交往、不相信他人、做事情拖拉、不注意安全、不守信用、不自信等。

嘿,别担心,快翻开这本让无数孩子心动的故事书,神奇的魔力会让懒惰变勤奋、说谎变诚实、懦弱变勇敢、哭泣变微笑……

嘿,成长就是这样,笑对生活,学会分享,让烦恼消失,让快乐回来!

- 桌子、驴子和棍子 6
- 拇指姑娘 18
- 四个好朋友 34
- 狼和狐狸 42
- 说大话的狮子 50
- 海的女儿 56
- 一只眼、两只眼和三只眼 66
- 弟弟和姐姐 82
- 牧羊女和扫烟囱的人 98
- 夜莺 108
- 水晶鞋的秘密 118
- 井边的牧鹅女 130

目录

恶毒的王子 142

爱的酬劳 156

愚公移山 150

contents

桌子、驴子和棍子

从前有个裁缝,他有三个儿子和一只山羊。

第一天,大儿子把山羊牵到牧场上去吃草。傍晚,大儿子问山羊:"山羊,你吃饱了吗?"山羊说:"咩咩咩!我吃饱了。"

大儿子牵着山羊回到家。老裁缝问山羊:"你吃饱了吗?"

山羊说:"咩咩咩!我没有吃饱!"老裁缝听了非常生气,取下一把裁衣尺,狠狠地打了大儿子一顿。然后把他赶出了家。

第二天,二儿子把山羊赶到墓地里去吃

草。傍晚,二儿子问山羊:"山羊,你吃饱了吗?"

山羊说:"咩咩咩!我吃饱了。"

回家后,老裁缝问山羊:"山羊,你吃饱了吗?"

山羊说:"咩咩咩!我没有吃饱!"老裁缝气极了,也用尺子打了二儿子一顿,把他赶出了家。

第三天,小儿子把山羊喂得饱饱的,牵回了家。可是,当裁缝问山羊"吃饱了吗?"时,山羊再一次说了谎话。于是,小儿子也同他那两个哥哥一样,狠狠地挨了一顿打,被父亲赶出了家。

儿子们都走了,老裁缝只能自己去放羊了。有一天,老裁缝把山羊喂得饱饱的,当他问:"山羊,你吃饱了吗?"

山羊说:"咩咩咩!我没有吃饱,我没有吃饱!"

裁缝听了大吃一惊,这才知道欺骗他的是

山羊,而不是他的儿子们。

于是,他拿来剃须刀,把山羊的头剃得光光的,然后用鞭子把它痛打了一顿,山羊狂叫着跑开了。

现在,老裁缝一个人待在家,感到非常孤独。他开始想念那三个被他赶出家的儿子。

大儿子到一个木匠家当学徒,他学习很努力,也很勤劳。在他学成即将回家的时候,木匠送给他一张木头小桌子。

木匠告诉他,只要把它放下来,说:"小桌子,开饭吧!"很快,桌子上就会摆满各种美味的食物和酒。

大儿子谢过木匠师傅,带着小桌子回家了。

晚上,大儿子走进一家旅馆,把他的小桌子放在屋中间,说:"小桌子,开饭吧!"

很快,桌子上便自动地摆上了各种好吃的东西。

大儿子把所有的客人都请到桌边,大家高兴地吃了起来。

令人感到惊奇的是,桌上的东西一吃完,盘子里又会冒出新的食物。

这一切被旅馆老板看见了,这天夜里,旅馆老板用一张一模一样的旧桌子换走了大儿子的小宝桌。

第二天清晨,大儿子背起他的小桌子高高兴兴地回家了。父亲见到他非常高兴。

大儿子叫父亲请来了所有的亲戚朋友,想要让大家看看他的小宝桌。

可是当亲戚们围坐在一起,等待桌子变出美食的时候,被旅店老板换来的旧桌子不能变出任何东西。

这时,大儿子才发现这张桌子是假的,他难为情地站在那里,很不好意思。亲戚朋友都失望地走了。

大儿子去找旅馆老板理论,老板也没有将

小宝桌还给他,无奈,他只能到一个木材厂去做工。

二儿子在一个磨坊主那里当学徒,他品行端正,踏实肯干。两年过去了,二儿子要走了,师傅送给他一头既不会拉车也不会驮粮食的驴,但是这头驴会吐金子。

磨坊主说:"如果让这头驴站在一块布上,你说:'卜利克勒卜利特',驴就会吐出好多金子。"二儿子谢过师傅,牵着驴回家了。

晚上,二儿子也住进了他哥哥曾住过的那个旅馆,遇到了贪心的坏老板。

老板看见二儿子在驴子下面铺了一张布,说:"卜利克勒卜利特!"马上,那驴子就开始从嘴里吐出金子。于是老板等他睡着了以后,偷偷地用一头普通的驴换走了二儿子的"造币机"。

第二天清晨,二儿子带着他的驴回家了。他回到家,也像他的哥哥一样,让父亲把所有的亲戚朋友都请来了,他想让驴子吐出好多金子,分给大家,让大家全都变成富翁。

但是,当二儿子把布放在驴子下面,叫"卜利克勒卜利特"时,驴子怎么也吐不出金币。二儿子难过地低下了头,他发现这头驴是假的。

二儿子去找旅店老板算账,但是没有证据,旅店老板也不承认。老裁缝家依旧很贫穷,二儿子又去一个磨坊做工了。

小儿子到一个旋木师傅那里当学徒。因为

他聪明伶俐,所以很快便学会了精湛的手艺。在这期间,小儿子曾收到过哥哥们的来信,知道了旅馆老板曾骗走了他们的如意宝贝。

没过多久,小儿子要走了,师傅便送给他一只装着棍子的口袋。师傅说:"如果坏人欺负你,你只要说声:'棍子跳出来!'棍子便会从口袋里跳出来,一直跳到坏人那里,狠狠地打他们。直到你说'棍子进袋子',棍子才会乖乖地钻进袋子!"

小儿子谢过师傅,背着袋子回家了。

傍晚,小儿子走进了曾骗过他两个哥哥的那家旅馆。他一进屋,便向老板讲述了他的见闻,他说:"世界上有会开饭的桌子和会吐金子的驴子,它们都是难得的宝贝。但它们比起我袋子里的宝贝来说,太微不足道了。"

旅馆老板听了,心想:"袋子里的宝贝是什么呢?桌子和驴子我都有了,如果再把这件宝贝弄到手,那我就万事大吉了!"

晚上,老板以为小儿子睡着了,便要偷走他的小棍子。这时,小儿子大喊:"棍子跳出来!"棍子马上从袋子里跳出来,狠狠地打老板,老板痛得大叫,不断地求饶。

小儿子说:"如果你不把会开饭的小宝桌和会吐金子的驴子交出来,棍子还得继续打下去。"

旅馆老板说:"好的!好的!我把东西都给你,拜托你不要让棍子再打了!"

小儿子说:"棍子进袋子!"这下,棍子才乖乖地钻进了袋子。

第二天清晨,小儿子带着小宝桌、驴子和他的小棍子回家了。这回,裁缝高高兴兴地请来了所有的亲戚朋友,让他们参加了一场特殊的宴会。

宴会上,大儿子变出

了丰盛的晚餐，二儿子送给大家好多金币，三儿子用棍子敲打着鼓，为大家助兴。亲戚们都夸老裁缝有三个优秀的儿子。

从此，老裁缝和他那三个勤劳、诚实的儿子过上了幸福的生活！

和爸爸、妈妈一起分享

"老三真是聪明,如果没有他,老大的小宝桌和老二的驴子可就都要不回来了。"小睿说。

"老三确实很机智,但是如果不是收到了两位哥哥的提醒,他也不一定能有足够的防范意识呀?"我回答他。

"反正老三是最好的。"小睿说。

我摇摇头告诉他:"三个人中,没有谁是最好的,也没有谁是最差的。说这句话的原因是,我们看一个人的好坏,并不是以智力的高低评定,而是看一个人品德的好坏。

老大和老二都是勤劳努力、踏实肯干的人。从这一点看,三个人是一样的,所以我们不能片面地评价这三个人。"

听到我的话,小睿认真思考了一会儿说,通过故事和我的讲解,他明白了许多道理。

齐齐哈尔市燕翔睿妈妈　李云霞

小朋友,关于这个故事你有什么话要说,写到下面吧!

_____
_____
_____
_____

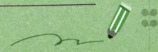

轻松一下　Game

你一定不知道

同学们都知道哪些国家的国歌？请你来选一选，将相应的序号写在横线上。

① 中国国歌 ____　　② 法国国歌 ____
③ 韩国国歌 ____　　④ 日本国歌 ____
⑤ 挪威国歌 ____　　⑥ 德国国歌 ____
⑦ 英国国歌 ____　　⑧ 印度国歌 ____
⑨ 波兰国歌 ____　　⑩ 瑞士国歌 ____
⑪ 西班牙国歌 ____　⑫ 土耳其国歌 ____
⑬ 意大利国歌 ____　⑭ 俄罗斯国歌 ____
⑮ 比利时国歌 ____　⑯ 希腊国歌 ____
⑰ 保加利亚国歌 ____　⑱ 尼日尔国歌 ____

A.《挪威之歌》　　B.《人民的意志》
C.《尼日尔之歌》　D.《独立进行曲》

E.《义勇军进行曲》
F.《俄罗斯,我们神圣的祖国》
G.《天佑女王》　　H.《马赛曲》
I.《波兰没有灭亡》　J.《爱国歌》
K.《亲爱的父母邦》　L.《君之代》
M.《马梅利之歌》　　N.《布拉班人之歌》
O.《瑞士诗篇》　　　P.《自由颂》
Q.《皇家进行典》　　R.《德意志之歌》

答案：①E ②H ③J ④L ⑤A ⑥R ⑦G ⑧B ⑨I ⑩O ⑪Q ⑫D ⑬M ⑭F ⑮N ⑯P ⑰K ⑱C

拇指姑娘

很久以前,有位妇人,她结婚多年,却一直没有孩子。

因为没有孩子,妇人心中十分苦恼。一天她自言自语地说:"上帝啊,我到底做错了什么事?为什么我不能拥有一个孩子?我多么想拥有一个孩子啊,即使是一个长得很小的孩子也可以。"

为了让自己拥有一个孩子,妇人邀请了一位女巫到家里作客。

"神奇的女巫,你愿意帮我实现愿望吗?我

多么希望拥有一个孩子!"妇人对女巫说。

"哦,这听起来倒不像是一件难办的事儿。要是你愿意相信我,就种下这颗大麦粒。只要你把它埋到土里,用不了多久你就可以收获一个小孩子了。"女巫说。

"神奇的女巫,非常感谢你的好意,我多么希望你说的那一天能早一点儿到来。"妇人说。她给了女巫三个银币,便送她离开了。

妇人一边把大麦粒埋到土里,一边说:"但愿这一次我能够实现愿望。"

不知过了多久,大麦粒终于开出了花。

妇人望着花朵说:"上帝呀,这恐怕是我见过的最美丽的花了。"她高兴地亲吻了一下花瓣。

就在这时,在花蕊中出现了一个娇小而又美丽的姑娘,她恐怕不比人的大拇指大多少。妇人看到女孩心中激动不已,她喃喃地说:"这就是我梦寐以求的孩子呀!她实在太美丽了,感

谢上帝,我一定会把我全部的爱,都交给她!"

妇人给她宠爱的这个娇小的宝贝取名叫"拇指姑娘"。

在妇人的精心照料下,拇指姑娘过得十分快乐。她每天都会在桌子上玩耍,在胡桃壳里睡觉。

可没过多久,不幸便降临到了拇指姑娘身上。

一天晚上,当拇指姑娘躺在胡桃壳里睡觉的时候,一只丑陋的癞蛤蟆从窗子外面跳了进来。癞蛤蟆看到拇指姑娘,暗暗地想:"她长得

简直太美了,但愿她能成为我儿子的妻子。"

于是,癞蛤蟆把拇指姑娘带走了。

癞蛤蟆把拇指姑娘带到了自己的家,她对小癞蛤蟆说:"亲爱的孩子,你快出来看看,我给你带回来了什么礼物。"

"亲爱的妈妈,我真高兴见到这么美丽的姑娘。"小癞蛤蟆激动地叫了起来。

他的妈妈说:"拜托你不要叫出声,要是你把她吵醒可就糟了。"

"亲爱的妈妈,我真担心她会离开我们。我们应该把她放在哪里呢?"小癞蛤蟆说。

"倒不如我们把她放在水中的一片睡莲叶子上,我觉得那上面再合适不过了。看来我应该快点儿为你们准备结婚的房子。"小癞蛤蟆的母亲说。

拇指姑娘醒来时,发现自己被放在了一片睡莲叶子上,心中害怕极了,不禁大哭起来。

就在这时,小癞蛤蟆和他的母亲来到了拇

指姑娘面前,小癞蛤蟆的母亲对拇指姑娘说:"请仔细看看我身边的这个帅气的男蛙吧,他是我的儿子,再过不久就会成为你的丈夫。"

听到她的话,拇指姑娘心中更加难过了,她哭得更加厉害。水中的鱼儿们听到拇指姑娘的哭声,纷纷游过来。鱼儿们问道:"美丽的姑娘,你到底怎么了?"

"鱼儿们,我不愿意待在这个陌生的地方,也不愿意和那只丑陋的癞蛤蟆生活在一起,你们能帮我离开这里吗?"拇指姑娘问。

"我们十分愿意为你做点什么。"鱼儿们说。

鱼儿们用牙齿咬断了睡莲的梗,于是,睡莲便顺着水流漂走了。

天空中飞翔的鸟儿们看到了在水中漂泊的拇指姑娘,不禁感叹说:"这位姑娘看起来真美。"鸟儿们高兴地为她唱起了歌。

蝴蝶看到在水中漂泊的拇指姑娘,动情地说:"可爱的姑娘,请允许我和你一起走吧。"

"要是你愿意和我一起走,那简直太好了。"拇指姑娘说。

拇指姑娘把蝴蝶和睡莲叶子系在了一起,睡莲叶子载着她和蝴蝶一起向前漂去。

就在这时,从远处飞来一只金龟子,他看到美丽的拇指姑娘,心中十分激动,便用爪子抓住了她的肩膀,把她带到了树上。

现在拇指姑娘唯一担心的就是蝴蝶,她暗暗地想:"美丽的蝴蝶,真是难为你了,是我害你失去了自由。要是我没有把你系在睡莲叶子上,你现在一定可以飞走了。哎,我真为你担心,可我却帮不了你。"

金龟子把拇指姑娘放到一片树叶上,他从花里面取出蜜糖给拇指姑娘吃,对拇指姑娘说:"你真是太美了,尽管你长得并不像我们金龟子。"

没过多久,其他的金龟子便听说了拇指姑娘的事情,他们纷纷前来拜访。

金龟子们惊奇地望着拇指姑娘,说:"她看起来一点儿也不像我们。她既没有和我们相同的触角,也没有我们那么多条腿,我真是不明白你为什么要和她在一起。"

所有的金龟子全都议论起来,他们都说拇指姑娘长得丑,就连那只想要和她结婚的金龟子也不要她了。

拇指姑娘难过地哭了起来,她为自己长得丑而伤心。其实,拇指姑娘仍然是很漂亮的一个美人儿,她那么娇小,那么可爱,那么让人怜惜。于是,金龟子们把她从树上带下来,放在了一棵雏菊上面,飞走了。

拇指姑娘不得不一个人在树林里生活。她睡在草叶编成的床上,把床放在牛蒡叶下面,避免被雨水浇到。她吃着花朵中的蜜糖,喝着清晨草叶上的露珠,一直度过了整个夏天和秋天。

现在,寒冷的冬天就要来到了,鸟儿们飞

走了,花儿们也枯萎了,牛蒡叶已经变得枯黄,可怜的拇指姑娘几乎找不到任何吃的东西。没有了可以休息、挡风的地方,拇指姑娘此刻正被冻得瑟瑟发抖。

终于,拇指姑娘再也忍受不住饥饿和寒冷的折磨,她来到了麦田附近田鼠的家。

拇指姑娘对田鼠说:"外面简直太冷了,我已经很久没有吃到东西了,我的衣服也已经破了,要是再找不到吃的东西和休息的地方,我可能就要被饿死、冻死了,你愿意收留我吗?"

田鼠说:"我十分愿意收留你,让你陪我度过这个无聊的冬天。不过你要帮我收拾屋子,还要给我讲最动听的故事。要是你能够做到这些,你便可以留下来。"

"我愿意为你收拾屋子,也愿意为你讲动听的故事。"拇指姑娘说。

"那么,你完全可以留下来了。"田鼠说。

转眼间很多天过去了,拇指姑娘住在田鼠

家,十分愉快。

一天,田鼠对拇指姑娘说:"可爱的姑娘,再过不久,我的邻居鼹鼠要过来作客。几乎每个星期他都会来看我,他的房间看起来很宽敞,他身上穿着黑天鹅羽毛似的袍子,看起来非常美丽。要是你们能够成为夫妻,你就再也不用担心没有东西吃、没有地方休息了。"

尽管田鼠说得很动听,可是拇指姑娘却完全没有听进去,因为他们的邻居是一位鼹鼠。

不知是哪天,鼹鼠来到了田鼠的家,田鼠问:"拇指姑娘,你愿意为我的邻居唱一首歌吗?"

拇指姑娘回答说:"愿意为你效劳。"说着,她便动情地唱了起来。

鼹鼠暗暗地想:"这位姑娘的歌声简直太动听了,也不知道她是否愿意成为我的妻子。"

为了方便见到拇指姑娘,鼹鼠挖了一条从自己家到田鼠家的地道。此刻,他对拇指姑娘和

田鼠说："要是你们愿意,就请和我一起到地道中散步吧。"

拇指姑娘在地道中看到躺在地上的燕子,他一定是由于不能及时去南方,冬天又太冷了,所以想要到地道中取暖,却还是被冻僵了。

她心中不禁难过起来,不由得想起了在夏天那些曾为她唱歌的鸟儿们。

为了救活这只燕子,拇指姑娘在夜晚的时候,偷偷来到地道中,把一些草叶盖在燕子身上,用花瓣盛了些水给他喝,并轻轻地抚摸着他的羽毛。

拇指姑娘一连几天都在照顾燕子,终于有一天燕子醒了过来,他对拇指姑娘说:"可爱的姑娘,感谢你救了我,我一定会报答你的。"

冬去春来,燕子在拇指姑娘的精心照顾下,终于完全康复了。燕子对拇指姑娘说:"可爱的姑娘,我就要飞走了,你愿意和我一起离开吗?"

拇指姑娘却说:"燕子,感谢你的好意,在我就要被冻死的时候,是田鼠收留了我。要是我就这样离开的话,他一定会伤心、难过的,所以现在我还不能和你一起离开这里。"

"期待着我们的下一次相见,不过现在我必须要飞走了。"燕子说完,便飞向了天空。

看着燕子离去的背影,拇指姑娘心中难过极了,她多想到外面的世界看看,可田鼠却说:"外面的世界充满了危险,我看你还是待在屋里比较好。"

时间过得飞快,田野里的麦子已经长到一寸了,田鼠望着郁郁葱葱的麦子高兴极了。

一天,他对拇指姑娘说:"鼹鼠决定娶你为妻了。现在,我必须要为你做几件新衣服,因为如果你穿得不够体面,鼹鼠先生一定会生气的。"

听了田鼠的话,拇指姑娘便难过起来,她真不希望那一天到来,因为她不愿意成为鼹鼠的妻子。

几乎每天晚上,鼹鼠都会来田鼠家看望拇指姑娘,他总是说:"我真希望夏天能够早一点儿结束,夏天简直太热了,等夏天过去,我就可以和拇指姑娘在一起了。"

每次拇指姑娘听了鼹鼠的话都很痛苦,可她却想不到用什么办法可以离开田鼠的家。她多么希望能够再次见到那只燕子,多么希望那只燕子能够带她离开这里。

转眼间便到了秋天,田鼠对拇指姑娘说:"再过不久,你就要和鼹鼠结婚了,他多么希望和你在一起,多么希望成为你的丈夫。"

拇指姑娘却哭了起来,她说:"我一定要嫁给鼹鼠先生吗?我并不愿意和他生活在一起。"

"要是你真这样想,我恐怕要用我的牙齿咬你了,难道鼹鼠先生不够好吗?"田鼠问。

就在拇指姑娘即将和那只令她感到讨厌的鼹鼠举行婚礼时,燕子飞来了,他对拇指姑娘说:"可爱的姑娘,你现在过得好吗?"

"我多么希望离开这里,我并不愿意成为鼹鼠的妻子。"拇指姑娘说。

"在我就要被冻死的时候,是你救了我,现在就让我为你做点事儿吧。要是你想离开这里,就请坐到我

的背上,那样我就可以带你离开这里了。"燕子说。

于是,拇指姑娘坐到了燕子的背上。燕子带着拇指姑娘在天空中飞了很久,终于停了下来。他们来到了一个温暖的国度,燕子把拇指姑娘放在了一朵白色的鲜花上。

拇指姑娘看到花的中央坐着一个小小的男子,头上戴着一顶华丽的王冠。

这个小小的男子看到拇指姑娘,一下子就喜欢上她了。小小的男子从头上取下王冠,把它戴到拇指姑娘的头上。

他深情地对拇指姑娘说:"美丽的姑娘,你愿意成为我的妻子吗?"拇指姑娘羞涩地点点头说:"我愿意。"

从此,拇指姑娘和这个小小的男子幸福地生活在了一起。

和爸爸、妈妈一起分享

回家后，我把这个故事讲给了香煜听。香煜不假思索地说："妈妈，我觉得这个故事挺有意思的。"

"那么，你能和妈妈说说这个故事哪里有意思吗？"我追着问。

香煜说："拇指姑娘去了那么多地方，遇到了那么多动物，就像经历了一次奇妙的旅行。"

"如果你是拇指姑娘，你会救那只燕子吗？"我继续问。

"我想我也会那样做的，因为你经常告诉我要做一个善良的人。"香煜激动地说。

"亲爱的孩子，我要为你点个赞，因为你今天表现得太好了。妈妈希望你成为一个善良的人。只有善良的人，才能得到别人的帮助，才能得到幸福哟。"我说。

南京市李香煜妈妈　李富秋

小朋友，关于这个故事你有什么话要说，写到下面吧！

_____

_____

_____

轻松一下 Game

巧填成语

请开动你的脑筋,在括号里填上表示时间的字,将下面的成语补充完整。

① 一( )千里　　② 争( )夺( )
　( )来运转　　　度( )如( )
　( )毫不差　　　( )( )必争
　( )不我待　　　成( )累( )

③ 生不逢( )　　④ 入木三( )
　( )满则亏　　　连( )有余
　( )久必合　　　劳燕( )飞
　三( )五载　　　( )复一( )

答案:① 日 时 分 时　② 分 秒 日 年 分 秒 年 月　③ 时 月 分 年　④ 分 年 分 日 日

四个好朋友

乌龟、乌鸦、老鼠和鹿是好朋友。平时,他们经常在一起玩耍。

一天,到了约定散步的时间,鹿却迟迟没有来。

大家等了很久,乌龟和老鼠心里不免有些着急,他们喃喃地说:"真奇怪,我们的鹿朋友一向很守时,也不知今天是怎么了,该不会是发生什么事了吧?"

他们左思右想,目光最终落在了乌鸦身上。

他们对乌鸦说:"亲爱的朋友,我们俩走得

太慢了,就辛苦你飞到天空中,去找找鹿吧!"乌鸦听完,就飞去找鹿了。

没飞多远,乌鸦就在一个小水池旁边看到了鹿。原来他被一个拴在大树上的套索套住了。

此时,鹿正拼命地挣扎着,试图脱出身来。乌鸦立刻对鹿叫道:"亲爱的朋友!别害怕!我这就去把老鼠带来,让他来咬断套索。"乌鸦说完就飞了回去。

不久,乌鸦就用嘴叼着老鼠飞来了。谁知,乌龟不放心也拼命地爬来了。

老鼠看到乌龟的到来,既吃惊,又担心。他惊讶乌龟竟然爬得这样快,又担心他跟来会有危险。

于是，老鼠不禁责备了乌龟几句。乌龟对老鼠说："我想现在不是争吵和责备的时候。你应该尽快把拴着鹿的绳子咬断，这样我们的鹿朋友才能得以脱身。"

于是，老鼠也不再说什么了，他专心地"嘎吱嘎吱"咬绳子。老鼠很快便把拴鹿的绳子咬断了。

鹿还没来得及向老鼠和乌龟表示感谢，猎人便拿着弓箭赶来了。看到猎人，老鼠一溜烟钻进了附近的洞里；乌鸦飞快地飞上了天空；鹿迅速地向远处跑去；只有乌龟跑不快，他还在地上缓慢地爬着。

猎人看见拴鹿的绳索被咬断了，不禁皱起了眉头。他疑惑地说："这到底是谁干的呢？这个人一定是有天大的本事。哎，眼看就要到嘴的美味又跑了。"

此刻，猎人的心中不免有些失落，就在他

即将转身离开的时候,一只乌龟映入了他的眼帘。

猎人心想:"鹿逃跑了虽然很可惜,不过还好,可以抓只乌龟回去熬汤喝。"

于是,他用绳子捆住乌龟的脚,然后将乌龟挂在弓上离开了。猎人心里美滋滋的,一边走,一边哼着歌。

老鼠、乌鸦和鹿看见乌龟被猎人抓走了,急忙跑了出来。

三个好朋友商量道:"猎人越走越远,我们要想个办法才行,否则,我们可怜的乌龟朋友就要被猎人做成汤端上餐桌了。"

老鼠说:"我倒有一个主意。鹿朋友,可能要委屈你了,需要你闭上眼睛躺在地上。乌鸦要装出一副在啄你身上肉的样子,恐怕也只有这样才能让猎人停下脚步。"

鹿说:"这又算得了什么,只要能把乌龟救出来,这一切都是值得的。"

老鼠听完鹿的话继续说:"当猎人靠近你的时候,你要立刻站起来,然后跑掉。这样猎人才会因为追你而丢下乌龟,我才能够有机会咬断捆住乌龟的绳子。"

后来,他们三个按照计划行事了。

不一会儿,猎人便来到了河边。这时候,他看到一只"死"鹿躺在那里,一只乌鸦在那里啄他的肉。

猎人果然把乌龟往

地上一丢,就挥舞着棍子朝鹿跑了过去。鹿见猎人追来,迅速地站了起来,并且跑到树丛里面去了。

老鼠则趁机咬断了捆住乌龟的绳子。得以脱身的乌龟立刻钻到了河里,老鼠也窜到草丛里。

猎人去追鹿没有追上,只好垂头丧气地回到河边,结果发现地上只剩下了那个被咬断的绳子。猎人以为自己出现了幻觉,只好心事重重地回家了。

这样,四个善良的朋友又能够在一起了,他们相亲相爱,愉快地生活着。

后来,他们回想起这一幕时,常常会说:"那天的事,真是太惊险、太可怕了,幸好我们团结一致,想出了办法。"

和爸爸、妈妈一起分享

"乌龟、乌鸦、老鼠和鹿它们之间真是讲义气,谁遇到危险,其他人都没有放弃它,都想尽办法营救。不嫌苦,也不嫌累,更不嫌危险。"润熙说。

"确实,如果它们不互相帮助,最后肯定不能化险为夷的。"我回答说。

"虽然一个动物的能量很小,但是只要它们团结起来,力量就会变得很大!"润熙继续说。

我拍拍她的小脑袋,说得没错,就像一只筷子容易被折断,一把筷子却不容易被折断一样。大家心往一处想,劲儿往一处使,才能集合所有人的力量,把事情做好。

哈尔滨市陈润熙妈妈　李玉静

小朋友,关于这个故事你有什么话要说,写到下面吧!

汉字迷宫

同学们沿着"闲"字走,就可以找到出口了。

入口 ▼

闲	闹	闲	闲	闲	闲	闹	闲	闭	闹
闲	闹	闲	闲	闲	闭	闹	闹	闭	闹
闲	闹	闭	闲	闲	闭	闲	闲	闲	闲
闲	闹	闭	闲	闲	闲	闲	闲	闭	闭
闲	闹	闭	闲	闲	闲	闹	闲	闲	闹
闲	闲	闭	闭	闭	闭	闭	闲	闲	闲
闲	闲	闲	闲	闹	闹	闹	闲	闹	闲
闲	闹	闲	闲	闭	闭	闭	闭	闲	闹
闲	闹	闲	闲	闭	闭	闭	闭	闲	闹
闹	闲	闲	闲	闭	闲	闲	闲	闹	闹

▼ 出口

狼和狐狸

很久以前,狼和狐狸生活在一起。狼凶狠极了,总是瞪着眼睛要求狐狸为他做事情,狐狸心里很害怕,却又不得不按照狼的要求去做。

时间久了,狐狸便成了狼的仆人。

一天,狼对狐狸说:"我最忠诚的仆人,快去给我找来一些吃的东西,不然我就把你吃掉。"

狐狸十分害怕,他惊慌地对狼说:"狼先生,请别急,我知道这附近有个农场,里面有两只又肥又嫩的小羊,要是您愿意,我们可以去捉一只回来。"

狼听完狐狸的话,眼神一下子变得柔和了许多,他高兴地说:"羊肉吃起来一定很美味,快点儿带我去吧。"

狐狸看到狼的心情变好了,便带着狼一起向农场的方向走去。

狐狸和狼走了很久,终于来到了农场。望着小羊,狼的口水都要流出来了,他急切地对狐狸说:"我忠实的仆人,快去为我捉一只小羊来。"

狐狸听完狼的话,开始左瞧瞧,右看看,当他看到农场周围没有人时,才放心地溜进去。

狐狸的脚步轻盈极了,要是不仔细听,根本无法察觉到他。看到小羊,他飞快地扑了上去,不一会儿就把小羊从农场里拖了出来,交给了狼。

狐狸见狼吃得津津有味便走开了。还不到一顿饭的工夫,狼便把一整只羊吃得精光。

吃完了这只小羊，狼觉得还不满足，他还想吃羊。于是他学着狐狸的样子，偷偷溜进了农场。

一只小羊看见狼吓得瑟瑟发抖。当狼正准备扑上去的时候，或许是因为吃得太饱了，他的身子竟然变得一点儿也不灵活了。

就在狼即将捉住小羊的时候，一个农夫赶来了，他气愤极了，拿起棍子就朝狼狠狠地打去。

挨了打的狼只好一瘸一拐地跑了回家。

狐狸看了狼的样子,疑惑地问:"狼先生,您这是怎么了?"

狼悲伤地说:"我本想再捉一只小羊吃,可没有想到被农夫发现了,结果挨了顿打。"

"狼先生,这可就要怪您自己了,您太过贪婪了。"狐狸说道。

第二天,狼依旧对狐狸说:"我忠实的仆人,快去为我找些吃的东西,不然我就把你吃掉。"

狐狸不慌不忙地说:"狼先生,请别急,我知道这附近的农舍中有一户人家摊了煎饼。要是您愿意,我们可以去偷点儿吃。"

"那个农舍在哪里?快点儿带我去。"狼心里高兴极了。

当他们来到农舍时,狐狸依旧非常警惕,他围着房子走了起来,不时朝屋里看看,还不忘用鼻子嗅嗅,终于发现了放煎饼的盘子。

狐狸迅速地拿了六张煎饼交给狼,然后便

走开了。

狼转眼便把六张煎饼吃得精光,他咂咂嘴说:"这些煎饼真是太美味了,要是还能再吃点儿就好了。"

于是,他跑到屋里,把整个盘子都拖了下来。只听"砰"的一声,盘子掉在地上被摔了个粉碎。

农妇听到响声急忙跑了出来,她连忙叫来邻居,大家一起用棍子狠狠地向狼打去,结果狼的腿再次被打瘸了。

第三天,狼和狐狸又一起出去。因为疼痛,狼只能跛着脚走,他对狐狸说:"我忠诚的仆人,快去找点儿吃的,否则我就吃了你。"

狐狸说:"狼先生,请别急,我知道有个农夫家刚杀了一头猪,腌了肉放在地窖里,我们去吃吧。"

狼高兴极了,便和狐狸一起在地窖边刨了一个洞。他俩顺着洞,来到地窖里。狼看到地窖

中的肉,立刻张大嘴巴吃起来。狐狸也很爱吃,不过他会时不时跑到洞口,试试自己的身体还能不能钻出去。

"狼先生,请您别吃太多了!"

"我要把这里所有的肉都吃光。"

农夫听到了声响,朝地窖走来。狐狸看见农夫的影子连忙逃走了,可是狼实在是吃得太多了,肚子鼓鼓的,卡在洞口怎么也出不去,结果被农夫打死了。

和爸爸、妈妈一起分享

狐狸是一个好仆人，忠心耿耿地为狼找食物，为狼出谋划策。但是狼却由于没有听从狐狸的建议，最终有了这样的结果。

可见，能够虚心听从别人的建议是多么重要的品质。"金无足赤，人无完人"，世界上没有百分之百的纯金子，也没有百分之百完美的人。

每个人都有或多或少的缺点，也许我们自己不能发现自己的缺点，这时候就需要听取其他人的建议了。

根据他人的建议改正了缺点，就会取得进步，而不听从别人的建议，就会一直犯错误，就像故事中的狼一样，最后由于自己的贪婪而丢掉了性命。

北京市于蛟洋爸爸　于立峰

小朋友，关于这个故事你有什么话要说，写到下面吧！

_____
_____
_____
_____

轻松一下 Game

补充诗句

下面是一些常见的谚语及诗句，请仔细阅读，然后在横线上填上适当的字词，使这些句子完整。

吃一堑，_____。

千里之行，_____。

失之毫厘，_____。

_____，如隔三秋。

_____，勿施于人。

他山之石，_____。

塞翁失马，_____。

士别三日，_____。

答案：长一智；始于足下；谬以千里；一日不见；己所不欲；可以攻玉；焉知非福；刮目相看。

说大话的狮子

森林中有一头狮子,因为自己长得又高又大,所以十分骄傲。

骄傲的狮子对森林里的小动物们说:"我想你们一定还不知道我的力气有多大,要是谁提到这世上排名第一的勇士,那一定是在说我了。"

小白兔说:"狮子大王,您的确是厉害极了!"

狐狸也说:"狮子大王,在这森林之中,恐怕再也没有哪个动物会比您更威风了。"

离狮子远远的,有一只瘦弱的蜘蛛和一只

牛虻,他们听到小白兔和狐狸的话却一点儿也不赞同。

牛虻小声说:"看,狮子简直太骄傲了,我一定要让他知道我的厉害。"

当狮子还在自我陶醉的时候,那只饥饿的牛虻飞了过来,用他尖细的嘴巴在狮子嘴上狠狠地叮了一口。

狮子疼极了,气愤地说:"你这个小东西竟敢来招惹我,看我不把你变成肉酱。"

说完,狮子便张大了嘴巴,抡起大拳头,向牛虻砸过去。牛虻迅速地闪开了。狮子不甘心,于是跳来跳去,想捉住牛虻。

可无论狮子怎么做都无法抓住牛虻,反而再次被牛虻咬了一口。狮子狼狈极了,不禁叹息起来。

牛虻看到狮子狼狈的样子,心里别提多高兴了,一边舞动着身子,一边向远处飞去,逐渐消失在狮子的视线之外。

狮子无奈,正想要离开的时候,躲在暗处的蜘蛛笑了起来。

狮子气愤地说:"连你这样的小东西也敢嘲笑我?我可是百兽之王,快滚开。"

"你连牛虻都对付不了,又怎么能称得上是百兽之王?"蜘蛛慢条斯理地说。

"难道你能捉得住牛虻吗?"狮子的话语中充满了疑问。

"不就是牛虻吗?这对我来说,根本不算什么,我一定要让你看到我的本领。"蜘蛛自信地说道。

狮子对蜘蛛的话充满了怀疑,说:"你这个骗人的家伙,我才不相信呢。如果想让我相信,那就快让我看看,你是如何捉住牛虻的吧。不过我想你一定是在说大话,其实根本就没有这样的好戏吧?"

蜘蛛说:"你别不信。你最好先躺下,等着看好戏吧。"说着蜘蛛便在狮子的周围,做了一张大大的蜘蛛网,然后躲了起来。

不一会儿牛虻真的飞来了,他看到狮子正躺在那里,以为狮子已经精疲力竭了,或者已经睡着了。他想要再尝尝美味的狮子血,可是没等牛虻飞到狮子身边,就被缠在蜘蛛网上了。

牛虻挣扎了一番,想从蜘蛛网上逃走,可蜘蛛网却越缠越紧。

看到牛虻落网,蜘蛛马上爬了出来。他爬到牛虻身边,伸出锋利的爪子,一下子就把牛虻抓住了。

狮子看到这一幕后难为情地说:"蜘蛛啊,看来我真是小看你了,不过我也明白了一个道理:光有力气是不行的,还得有聪明的智慧呀!"

和爸爸、妈妈一起分享

狮子只会使用蛮力征服其他动物，对它来说，一个动物的强弱，仅仅是从力量上划分的，所以它觉得自己是最强大的。

但事实并非如此，就像牛虻，无论狮子力气如何巨大，奔跑如何迅速，却还是捉不住它。因为牛虻个头小，运动灵活，还能够飞行，这些都是狮子所不具备的能力。

同样，现实生活中，我们也不能认为只要力气大、跑得快就是强者。虽然人类社会没有能够飞行的"牛虻"，但是人类有更高超的本领，那就是智慧。

正是高超的智慧人类才能够不断进化发展的原因。既然如此，我们可不能浪费先天的本领。做事情要多开动脑筋，学会运用自己的智慧。

哈尔滨市刘子铭妈妈　高文君

成语连珠

将下面成语游戏中缺少的字补充完整。

A 相亲相爱 — 不 — 释 — ○足情 — 浅 — 出神入○

B 长年累月 — ○ — 高风○节 — 外 — 生 — ○繁叶○

C 有口无心 — ○ — 意 — 马○成功 — 高 — ○ — 世○炎凉

D 瞒天过○ — 底 — 捞 — 月○风高 — 枕 — 无 — ○愤成疾

答案：A 手，迷，入，化；B 风，亮，意，枝，茂。C 猿，到，枕，态；D 海，黑，下，忧，悲。

海的女儿

很久以前,在大海深处有一座十分漂亮的水晶王宫,里面住着六位美丽的人鱼公主,她们是海的女儿。

尽管这些人鱼公主非常美丽,但是她们跟人类却是无法相提并论的,因为她们没有像人类那样的腿。人鱼公主们只能像鱼那样拖着长长的尾巴,在海里游来游去,却不能在岸上行走。

一天,对人类世界充满好奇的最小的人鱼公主游出了大海。当她浮出海面时,人类世界已经迎来了黄昏,晚霞倒映在天边,把天空映衬得格外美丽。

人鱼公主放眼望去,看到不远处有一艘船,人们在船上拍着手,唱着歌。

原来今天是王子的生日,侍从们正在唱歌庆祝。王子带着一顶王冠,看起来非常英俊,人鱼公主感叹地说:"他长得简直太帅了,他恐怕是我见过的最英俊的人了。"

就在王子和侍从们沉浸在欢乐的歌声中的时候,海面上突然刮起了一阵狂风,海浪随风翻滚着,船开始摇晃起来。

没过多久船上的木板便发出断裂的声音,船被狂风折断了。整艘船都在缓慢下沉,不久之后它将全部沉到海底里去。

"哦,天哪,到底发生了什么?"人鱼公主惊讶地问。

当她看到船上人们惊慌失措的样子才明白:不幸就要降临了,那位英俊的王子恐怕就要沉入海底了。上帝啊,这是多么可怕的事!

为了救王子,人鱼公主在海里拼命地游着,她终于游到了王子身边,把王子拖到了岸上。

这时候王子还没有睁开眼睛,人鱼公主深情地望着他。可就在这时,从远处走来了一个姑娘,为了不让她看到自己,人鱼公主只好躲了起来。

"哦,上帝啊,原来是你救了我。"王子醒来后,看到面前的姑娘说。很快,王子便爱上了她,原来这个姑娘是邻国的公主。

人鱼公主看到这一切,别提多难过了,她多想告诉王子事情的真相,可她又担心王子看到了她的样子会害怕,于是人鱼公主找到了巫婆。

她对巫婆说:"我爱上了人类世界的一位王子,可我没有腿,我不能在陆地上行走。您可以帮助我,赐给我一双腿吗?"

巫婆说:"哈哈哈,这不是一件难办的事!不过,这是要付出代价的。我早就听说,在这海底王国中,你的声音最是美妙动听,所以我要你的声音!还有,你必须让王子爱上你,并且和你结婚。如果王子和别人结了婚,你就会变成泡沫!答应了这些条件,你就可以拥有像人一样的双腿了。不过你不害怕变成泡沫吗?还请你把这一切考虑清楚吧。"

"我想我已经想清楚了,我愿意接受这些条件。拜托您,现在就赐予我一双像人类那样的腿吧。"人鱼公主回答说。

"要是你真的想清楚了,就喝下这瓶药水吧。喝了它,你便可以实现愿望了。"巫婆说。

为了见到王子,人鱼公主不顾一切地喝下了药水。不一会儿,她的身体便疼痛起来,但这点痛与能见到英俊的王子相比又算得了什么呢。

人鱼公主疼得昏了过去。不知过了多久,她终于醒了,发现王子正在一旁看着她。

"你到底是谁?为什么要来到这里?"王子问。

尽管人鱼公主想把真相告诉王子,可她现在已经无法说话了。

不过王子并没有嫌弃人鱼公主不能说话,他经常来看望人鱼公主。很快,人鱼公主便和王子成了好朋友。

现在,人鱼公主每天都能见到王子了。王子虽然对人鱼公主很好,但是心中并不爱她。这令人鱼公主感到非常痛苦。

"哦,天哪!难道我就要变成泡沫了吗?这是多么可怕的一件事!"人鱼公主用发不出声音的嗓子,无声地呐喊着。

她多想告诉王子她痛苦的心情,她多想告

诉王子,她才是救了他的人。可惜她现在不能说话了,她只能无声地望着王子,心中的倾慕永远无法诉说。

终于有一天,王子宣布,他将要和那位邻国的公主结婚了。

"哦,天哪,但愿巫婆说的不是真的!否则我将再也不能回到那美丽的水晶王宫了,也不能见到我的姐姐们了。"人鱼公主难过地想。

那个可怕的夜晚来临了,王子和邻国公主在船上举行了盛大的婚礼。

人鱼公主默默地来到甲板上,望着海面。这时,她的五个姐姐从海里探出头来。

她们对人鱼公主说:"我可怜的妹妹,你的事情我们已经知道了。要是你不想变成泡沫,就

必须在太阳升起之前,用刀刺死王子。让他的血流到你的脚上,那样你就可以重新长出鱼尾,回到大海了。"

听到姐姐们的话,人鱼公主想:"难道就只有这一个办法了吗?看着自己心爱的人死去,这是多么令人痛苦的事!要是我那样做了,上帝一定会惩罚我的,还是让我变成泡沫好了。"

尽管她并不希望自己变成泡沫,可她却不忍心看到心爱的人死去。她毫不犹豫地把尖刀

抛向了海底。

天亮了，太阳从海面上升起来了，人鱼公主变成了泡沫。她飞了起来，疑惑地问："我将会飞到哪里呢？"

就在这时，一个声音从十分遥远的地方传来："现在你就要飞到天国了，你用你的善良创造了一个不灭的灵魂。"

心怡听完故事,眼圈红红的,对我说:"人鱼公主实在太善良了,她和王子的故事非常感人。"

我摸着她的小脑袋说:"是呀,可惜王子和人鱼公主最终不能有情人终成眷属。"

"那是因为王子不知道事情的真相啊,如果知道,他们俩就能快乐幸福地在一起了!"心怡说。

"不,不,你又不了解王子,怎么知道他下一步会怎么做呢?"我继续说。

因为我会把自己放在王子的立场上思考呀!

真是个聪明的孩子!

上海市朱心怡爸爸 朱更海

小朋友,关于这个故事你有什么话要说,写到下面吧!

_____

_____

_____

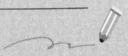

汉字连连看

把一样的字用线连接起来。

督	侯	洒	拔	暑
署	候	酒	署	卞
卡	拔	督	洒	兀
酒	署	兀	候	侯

一只眼、两只眼和三只眼

很久以前,有一个妇人,她有三个女儿。大女儿只有一只眼睛,妇人说:"你的名字就叫一只眼吧。"

二女儿和普通人一样有两只眼睛,妇人说:"你的名字就叫两只眼吧。"

最小的女儿有三只眼,妇人说:"你的名字就叫三只眼吧。"

母亲和姐妹们对两只眼说:"你长得简直太普通了,真看不出你和那些普通人有什么不同。"

因为两只眼长得十分普通,所以母亲和姐妹们便十分讨厌她。两只眼在家中总是受到母亲和姐妹们的欺负。她几乎没有穿过漂亮的衣服,每天只能吃剩饭。

一天中午,母亲和一只眼、三只眼将所有的饭都吃光了,没给两只眼留一点儿。

可怜的两只眼,饿着肚子,就被姐妹们赶出去放羊了。两只眼肚子很饿,于是坐在田埂上委屈地哭了起来。

这时,一位天使来到了两只眼的身边,天使问:"美丽的姑娘,你怎么了,到底发生了什么事情?"

两只眼难过地说:"哎,母亲和姐妹们总是欺负我,总是给我吃剩饭,如果没有剩饭,我就得饿着肚子。真不知道这样的日子,什么时候才能结束。"

"哦,是这样,我可以帮你。我送给你一只羊,当你想要吃饭时,只要对它说'可爱的小羊儿请咩咩叫吧,小桌子,请开饭吧',你面前就会出现一张摆满美味佳肴的桌子。不过要是你不希望别人看到这张桌子,或者你已经吃饱了,你对它说'可爱的小羊儿请咩咩叫吧,小桌子,请回吧',小桌子就会消失。"

说完,天使便不见了,两只眼的身边多了一只长相普通的小羊。

"可爱的小羊儿请咩咩叫吧,小桌子,请开饭吧。"两只眼说。

眨眼间,一张摆满美味佳肴的桌子便出现在两只眼面前。

"这恐怕是我见过的最丰盛的饭菜了,我终于可以不用再忍受饥饿的折磨了。"两只眼开心地吃了起来。

吃完了桌上的美味,两只眼对小羊说:"可爱的小羊儿请咩咩叫吧,小桌子,请回吧。"果然,那张摆满美味佳肴的桌子,瞬间就消失了。

到了傍晚,小羊吃饱了,两只眼赶着小羊

回到了家。她的晚餐依旧是姐妹们留给她的一点儿剩面包屑,可这次两只眼中午吃得很饱,所以她连碰都没碰一下面包屑,就回屋了。

第二天早上,姐妹们给了她一些面包屑,两只眼把它们放在一边,便出门了。

"真是奇怪,她竟然没有把面包屑带走,难道是她在外面得到了别人的施舍?"一只眼好奇地问三只眼。

为了弄清楚事情的真相,晚上,一只眼对两只眼说:"我真担心,你在放羊的时候偷懒,就让我和你一起去吧。"

第二天,一只眼和两只眼一起出了门。她们把小羊赶到一片草地上便停下了脚步。

"一只眼,你一定累了吧,就让我为你唱一首歌吧。"两只眼说。

于是,两只眼哼唱了起来:"美丽的一只眼,你现在醒着呢吗?美丽的一只眼,你现在睡着了吗?"

听着歌声,没过多久,一只眼便沉沉睡去。看到一只眼睡着了,两只眼放心地对着天使送给她的小羊说:"可爱的小羊儿请咩咩叫吧,小桌子,请开饭吧。"

一张摆满美味佳肴的桌子便出现在了两只眼面前。望着桌子上的美味佳肴,两只眼高兴极了。

她开心地享用起美味的午餐,吃完饭,两只眼说:"可爱的小羊儿请咩咩叫吧,小桌子,请回吧。"小桌子便消失了。

当一只眼醒来时,已经是傍晚了,两只眼说:"一只眼,我们该回家了。"

回到家,母亲和三只眼对一只眼说:"你到底看到了什么?为什么她不在家里吃饭了?"

一只眼说:"我在草地上睡着了,当我醒来时,已经是傍晚了,我什么也没有看到。"

母亲生气地说:"你简直太笨了,我看明天让三只眼也一起去吧。"

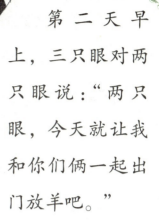

第二天早上，三只眼对两只眼说："两只眼，今天就让我和你们俩一起出门放羊吧。"

她们在一片草地上停下了脚步，两只眼说："一只眼、三只眼，你们一定累了吧，就让我为你们唱一首歌吧。"

于是，她唱道："美丽的一只眼、三只眼，你们现在醒着呢吗？"唱着唱着，不知道为什么，她居然唱成了"美丽的一只眼、两只眼，你们现在睡着了吗？"

这样一来三只眼便有一只眼睛没有入睡，可是狡猾的她，却把所有的眼睛都闭上了。

看到三只眼闭上了眼睛，两只眼像往常一样对那只神奇的小羊说："可爱的小羊儿请咩咩叫吧，小桌子，请开饭吧。"

一张摆满美味佳肴的桌子，又一次出现在了两只眼面前。

当她说："可爱的小羊儿请咩咩叫吧，小桌子，请回吧。"小桌子便消失了。

这一切完全被三只眼没有入睡的那只眼睛看到了，她叫醒了一只眼。

回到家一只眼、三只眼便把一切告诉了母亲。母亲听了她们的话，非常生气，便杀死了那只给两只眼带来美味佳肴的小羊。

两只眼十分伤心，又跑到田埂上大哭起来。

这时，天使出现了，两只眼把事情的经过告诉了天使，天使说："要是你把小羊的内脏埋在你们家的门前，再过不久你就会交上好运的。"

回到家，两只眼对一只眼和三只眼说："姐

姐、妹妹,请你们可怜可怜我,我什么东西也不想要,只想再看看小羊的内脏。"

一只眼和三只眼听到两只眼的话,大笑着说:"我还以为你会想要一点儿羊肉呢,不就是羊的内脏吗,要是你真想要,就拿走好了。"

这天晚上,一只眼和三只眼很早就睡下了,两只眼趁她们睡着的时候偷偷地从屋里溜出来,把羊的内脏埋在家门前。

第二天早上,两只眼和母亲、姐妹们出门。她们惊奇地发现门前长出了一棵满是银叶子、金苹果的大树。

母亲和姐妹们对此感到十分奇怪,只有两只眼心中明白这棵树到底是如何长出来的。

母亲对一只眼说:"要是能把树上的金苹果捧在手里该有多好。一只眼,你爬到树上为我们摘几个金苹果下来。"

"哦,好的,亲爱的母亲,我想我不会令您失望的。"说完,一只眼便爬到了树上。

她还没有伸出手,树枝就躲得远远的,尽管她用尽了办法,却始终不能把苹果摘下来。

看到一只眼没有摘下金苹果,母亲不禁有些生气了,她说:"一只眼,你快点儿下来吧,我倒认为应该让三只眼上去试试了,她可是长了三只眼睛呢。"

三只眼望着母亲说:"亲爱的母亲,我想我不会令您失望的。"说完,她自己便爬上了树,可无论她用什么办法,都不能把金苹果摘下来。

"你们简直太令我失望了!连一个苹果都摘不下来。"母亲说。说着,她便自己爬上了树,同样,树枝就像是人的胳膊一样灵活,总能远远地躲开母亲伸过来的手。

这时,两只眼说:"或许我能够把金苹果摘下来。"

"哦,天哪,你不是在开玩笑吧,但愿我没有听错。"母亲和姐妹们大笑起来。

尽管母亲和姐妹们这样说,两只眼还是爬

上了树。树枝见了她就像孩子见到了母亲一样亲切,两只眼很快就摘下了金苹果。

母亲和姐妹们看到两只眼摘下了金苹果,心中充满了嫉妒,她们对两只眼比从前更坏了。

一天,两只眼像往常一样和母亲、姐妹们来到树下摘金苹果。姐妹们看到一位年轻的骑士从远处缓缓走来,便对两只眼说:"你这个令人讨厌的家伙,还是快点儿躲起来吧,我真担心你会让我们难堪。"

说着,便把一个空桶套在了两只眼身上,把从树上摘下来的几个金苹果扔到了里面。

这时候骑士刚好来到了两只眼的家门前，他看到两只眼家门前那棵满是银叶子、金苹果的大树，忍不住停下了脚步。

骑士感叹道："这棵树简直太美了，不仅有金苹果，还有银树叶，要是我能拥有一片银树叶，该有多好。"

一只眼和三只眼回答说："我们便是这棵树的主人，十分愿意为您效劳。"

说着，她们便爬上了树，可无论她们用什么办法，都不能把树枝折下来，她们甚至无法取下一片银树叶。

"真奇怪，你们说你们是树的主人，可却连一根树枝、一片银树叶都不能取下来，我真不应该相信你们的话。"骑士说。

"刚才不过是一个意外，就让我们再试一次吧。"一只眼和三只眼说。

就在这时，那几个待在桶里的金苹果再也忍受不住寂寞了，它们就像长了腿一样从桶里

跑了出来。

骑士看到金苹果吃惊地说:"这几个金苹果的出现,真是令人感到意外!它们到底来自哪里,到底是谁把它们摘下来的?要是能见到那个摘苹果的人,该有多好呀。"

一只眼和三只眼回答说:"这几个金苹果是被我们的姐妹,两只眼摘下来的。她并不愿意被别人看到,因为她长得十分普通。"

可骑士却暗暗地想:"或许两只眼姑娘并不像她们所说的那样,我多么希望见到她。"

于是,他大声喊:"两只眼姑娘,你到底在哪里?请你出来,我多么希望见到你!"

听到骑士的话,两只眼便从桶里钻了出来。骑士望着两只眼说:"美丽的姑娘,既然你能摘下金苹果,我猜想你一定是这棵树的主人了。我十分希望得到一片树叶,请问你可以慷慨地送给我一片吗?"

两只眼回答说:"愿意为您效劳。"

说着,她便爬上了树,摘下一片银树叶。

拿到银树叶的骑士十分高兴,他说:"两只眼姑娘,我多么希望能为你做点什么。"

两只眼说:"要是您愿意为我做点什么,就请带我离开这里吧,我在这里过得简直太痛苦了。我每天都要忍受饥饿的折磨,我多么希望这样的日子能够早一点儿结束。"

于是,骑士把两只眼带回了城堡,后来骑士向两只眼求婚了。

骑士的父亲为他们举行了一场十分盛大

的婚礼。现在，两只眼过上了非常幸福的生活，那棵树也跟着两只眼来到了城堡中。

多年以后，一只眼和三只眼穿着十分破旧的衣服，来到两只眼所在的城堡附近乞讨。两只眼一下子就认出了她们。不过她并没有把她们赶走，而是把她们请进了屋，为她们准备了一桌子的美味佳肴。

一只眼和三只眼想到自己以前做过的事情，不禁后悔起来。她们说："真是没有想到，我们曾经那样对你，你却依旧能够接纳我们，现在想想我们做的错事真是太多了。"

和爸爸、妈妈一起分享

两只眼是一个善良的好女孩。即使她的母亲和姐姐对她并不好，她也没有怨恨她们。

两只眼最后能够过上如此快乐幸福的生活，是因为两只眼拥有一种她的姐妹和母亲都没有的品质，那就是豁达的胸襟及善良的性格。

仇恨是把双刃剑，在伤害别人的同时，也会伤害到自己。

生活中我经常告诉女儿：你先要能够好好地保护好自己，不受到伤害；其次，不过分计较生活中的小事情。

果然，她成了一个做事认真，却不较真，能够和小伙伴们和谐相处的小开心果。

青岛市郑舒文妈妈　晴晴

小朋友，关于这个故事你有什么话要说，写到下面吧！

_____

_____

_____

轻松一下 Game

脑筋急转弯

1. 怎样才能喝到瓶子饮料的最底层?

2. 什么花没有根,却可以在天空中开得灿烂无比?

3. 三个口叫品,三个日叫晶,那么三个鬼叫什么?

4. 一个人在沙滩上走,身后却没有留下脚印,这是为什么?

5. 某次考试后,居然出现了两份完全相同的答卷,这是为什么?

6. 一对夫妇天天吵架,可是为什么五月份只吵了十天架呢?

7. 小强的妈妈有心脏病,却天天去眼科医院,这是为什么?

答案:1.用吸管喝啊。2.烟花。3.叫makes。4.倒着走。5.都为白卷。6.因为他们5月1日去旅游。7.因为小强的爸爸是眼科医生。

弟弟和姐姐

从前有一对姐弟,他们的母亲去世了,父亲便给他们找了继母。继母带来了一个女儿,姐弟俩只好跟继母和她的女儿生活在一起。继母其实是个女巫,她对姐弟俩一点儿也不好,常常打骂他们。

一天,姐姐实在受不了,对弟弟说:"亲爱的弟弟,我们在这里过得太痛苦了,我们离开这里吧。"说完,他们便从家里逃了出来。

女巫知道两个孩子逃跑了,便和所有的女巫一样,偷偷地跟在他们后面,把森林里所有的小溪都施了妖术。她暗暗地想:"这两个家伙简直太天真了,难道你们以为逃到外面的世界,就能过上好日子了吗?很快你们就会知道我的厉害!"

姐姐和弟弟在森林里走了一整天,真是又累又渴。看到有一条清亮的小溪正在岩石间流淌,弟弟便想过去喝水,于是他说:"亲爱的姐姐,我多想喝上一口水呀,我的嗓子都要冒烟了。"可是姐姐隐约听见小溪在说:"谁喝了我就会变成一只狼。"

姐姐赶紧叫道:"好弟弟,你千万不要喝这水,否则你会变成一只狼,会把我也吃掉的。"

弟弟听了姐姐的话,只好无奈地离开了。

走着走着,他们遇到了第二条小溪,姐姐又听到小溪在说:"谁喝了我就会变成一只老虎。"弟弟刚要去喝水,姐姐急忙喊道:"好弟弟,你千万不要喝这水,否则你会变成一只老虎。""亲爱的姐姐,我只喝一口。"弟弟说。

"亲爱的弟弟,你想变成老虎吗?那样你会把我吃掉的,我们还是快点儿离开这里吧。"

这次弟弟又听了姐姐的话,无奈地离开了。

可没走多远,他们便遇到了第三条小溪,姐姐听到小溪在说:"谁喝了我就会变成一头小鹿。"弟弟再一次说道:"亲爱的姐姐,我快要渴死了,你瞧,我的嗓子已经冒烟了,我再也忍受不了了。"

姐姐还想劝说弟弟,可是已经来不及了,弟弟已经弯下腰去喝水了。他的嘴唇刚一碰到

溪水就被变成了一头小鹿。

看到弟弟变成了一头小鹿,姐姐非常难过,"呜呜呜"地哭起来,小鹿也坐在她的身边伤心地哭着。

过了很久,姐姐才从悲伤中清醒过来。她安慰弟弟说:"亲爱的弟弟,不要难过了,我会永远陪着你的,时间已经不早了,我们必须先找个地方休息一下。"

他们在森林中走了很久,终于来到一间小木屋前。姐姐朝屋里看了看,发现屋里没有人,便对弟弟说:"亲爱的弟弟,你一定累了吧,就让我们在这里休息一下好了。"

为了让弟弟睡得舒适一些,姐姐跑到森林里找来树叶和青苔,为弟弟铺了一张特别的床。

第二天清晨,姐姐很早就起床了,她到森林里采些浆果,还给小鹿带回了一些嫩草。小鹿吃着姐姐手里的嫩草十分高兴,他在姐姐身边转来转去。

就这样,他们在小木屋里住了很久。小鹿觉得寂寞极了,总想去森林里看看,但都被姐姐阻止了。

一天,国王带着许多侍卫和猎人来到森林里打猎。原本平静的森林被一阵阵号角声、猎狗的叫声、猎人的笑声打破了。

小鹿对姐姐说:"亲爱的姐姐,你听到了吗?森林里多热闹,我想去看看。"

可姐姐却说:"森林中充满了危险,我真担心你出去会发生意外,要是那样我就再也见不到你了。"

"亲爱的姐姐,我想我会小心的,就拜托你了,让我出去看一眼吧。"

听到弟弟这样说,姐姐只好答应了。她说:"不过,你晚上回来的时候,记得敲门,同时你还要说'姐姐,你亲爱的小鹿回来了',这样我就知道是你回来了。"

"亲爱的姐姐,就请放心吧,我一定会把你的话放在心上的。"说完,他便出门了。小鹿来到森林里又是蹦又是跳,别提多开心了。

国王和猎手们看到了小鹿,国王说:"这头小鹿长得真漂亮,快去把它抓来!"

猎人们急忙朝小鹿追去。小鹿看到猎人们追来,便一溜烟地跑进了草丛里躲了起来,直到晚上,他来到小木屋前敲门,说:"姐姐,你亲爱的小鹿回来了。"姐姐便打开了门。

第二天,森林中再一次响起了号角声。小鹿对小姐姐说:"亲爱的姐姐,外面太有趣了。我还想再去玩一会儿,你就让我去吧,你放心,我会小心的。"

"既然你在屋里待不住,就去玩会儿吧。不过你一定要早点儿回来,还要说'姐姐,你亲爱的小鹿回来了'。"小姐姐嘱咐小鹿说。

当国王看到小鹿时,再次追了过来。猎人们在后面不停地跑着,一刻也不放松。

他们整整追了小鹿一整天,尽管小鹿已经跑得很快了,可还是被猎人射伤了腿,他只好一瘸一拐地慢慢向前跑去。

有一个猎人默默地跟着小鹿,他看到小鹿在一间小木屋前停住了脚步,还听到小鹿说:"姐姐,你亲爱的小鹿回来了。"

直到小鹿走进屋里面,猎人才转身离开。

猎人疑惑地说:"真没想到,天底下竟然会有这样的怪事。尽管我已经打猎很多年了,却还是第一次看到鹿会说话。要是我把这件事报告给国王,或许会得到不少赏赐。"

于是,他来到王宫,对国王说:"尊敬的国王,我将要告诉您一件发生在我们身边的,听起来十分奇怪的事。"

"你是说奇怪的事吗?那么这件事到底有多奇怪呢?"国王问。

"我看到我们追赶的那头小鹿,在一间小木屋前停下了。我听到他对屋里面的人说'姐姐,你亲爱的小鹿回来了'。"猎人回答说。

"你说的可是真的?要是真的,这件事一定有趣极了!看来我们明天还要到森林中去打一次猎。"国王说。

小鹿回到家,可把姐姐吓坏了,她急忙给小鹿清洗了伤口,在伤口上敷上药草,说:"亲爱的小鹿,你快躺下好好养伤吧。"可小鹿却不当回事,他说:"没事,只是被箭擦破了点儿皮。"

第二天,国王很早就带着侍卫和猎人来到了森林中,原本平静的森林再一次热闹起来,小鹿又忍不住来到了森林里。

国王对猎人说:"那间小木屋在哪里?你带我去看看。"于是,猎人带着国王来到了小木屋前,国王一边敲门一边说:"姐姐,你亲爱的小鹿回来了。"

姐姐打开了门,可是当她看到门口站着的并不是小鹿,而是一个带着王冠的陌生男人时,心中不禁害怕起来。

国王却在一旁默默地看着她,对她说:"美丽的姑娘,我是国王,你愿意跟我回到王宫,成为我的妻子吗?"

"我愿意离开这里,不过我必须要带上那头小鹿,因为他是我的弟弟。他中了魔法,我必须照顾他。"姐姐回答说。

"那么就让小鹿和我们一起离开这里吧。"国王说。

这时候,小鹿刚好回来了,国王带着姐姐和小鹿一起离开了森林,回到了王宫。

回到王宫不久,姐姐就嫁给了国王,成了王后。小鹿也得到了精心的照顾,他十分喜欢王宫的花园,总在里面奔跑。

女巫听说姐弟俩现在生活得很幸福,心中不禁燃起了嫉妒的火焰,她愤怒地说:"你们的幸福生活也该结束了,你们很快就会见到我了。"

她的女儿说:"亲爱的妈妈,我也想成为王后。"

"亲爱的女儿,你的愿望很快就要实现了。"

不久后的一天,王后生下了一个漂亮的男孩,碰巧国王外出打猎还没回来。

女巫和她的女儿假扮成侍女,混进了王宫。她们走进王后的卧室,女巫对王后说:"我已经为您准备好了洗澡水,您快去洗洗吧,要是您不快点儿去的话,水就要凉了。"说着她和女儿把王后从床上抬起来,扔进洗澡间便离开了。洗澡间里冒出滚滚浓烟,没过多久王后便因为

呼吸不到新鲜空气而死去了。

女巫对她的女儿说:"要是不出什么意外的话,王后一定死了。我的孩子,现在你就是王后了。快躺到床上,为了让你看起来更像王后,我必须把王后的身材和美貌赐予你。"

可是,女巫却没有办法让女儿长出一双和王后一样的眼睛。她对女儿说:"亲爱的女儿,你必须侧身躺在床上,因为你只有一只眼睛和王后的一样。"

晚上,国王回到了王宫,他听说王后生了

一个男孩,十分高兴。就在他想要走到床前看一看王后的时候,王后身边的女巫说:"王后已经很累了,她必须好好休息,请您不要打扰她。"

国王听到女巫的话,便离开了,他丝毫没有发现床上躺着的是假王后。

夜深了,几乎所有人都进入了梦乡,真正的王后却回来了。她没有去找国王,而是来到了婴儿室。

她从摇篮里把孩子抱起来,搂在怀里给她喂奶。然后她拿起孩子的小枕头,轻轻地抖了抖,又把孩子放回摇篮里,给孩子盖好被子后,离开了。她又来到小鹿睡觉的地方,用手抚摸着他的背,然后才悄悄地走出王宫。

这一切被守在摇篮旁边的保姆看在了眼里。

第二天,她问卫兵昨天夜里是否有人来过。卫兵回答说:"我们连一个人影都没有看到。"

尽管保姆对此感到十分好奇,却不敢让别人知道。她每天夜里都守在婴儿旁边,她发现每天夜里,王后都会来看孩子,照顾他,和他低语几句。

保姆靠近了一些,终于听清楚了王后的话。

她悲哀地说:"我可怜的孩子,我恐怕再也不能见到你了!我可怜的小鹿,姐姐恐怕再也不能见到你了!"

保姆暗暗地想:"这一切已经放在我心里太久了,也该让国王知道到底发生了什么事情了。"于是,她把一切告诉了国王。

国王吃惊地说:"上帝啊,到底发生了什么事情?明天夜里我要亲自守在我的孩子身旁。"

第二天夜里,王后果真来了,她悲哀地说:"我可怜的孩子,我恐怕再也不能见到你了!"

听到王后的话,国王再也忍不住了,他说:"你肯定是王后,是我的妻子,到底发生了什么事儿?"

王后回答:"是的,我是王后,你的妻子。"话刚出口,王后便复活了,她将事情的真相告诉了国王。

国王说:"既然她们犯了罪,就应该接受上帝的惩罚。"

于是,国王下令将假王后扔进了森林里喂狼,将女巫扔进火堆中,就在女巫将要化成灰烬的一瞬间,小鹿重新变回了人的模样。

从此,姐姐和弟弟在王宫中幸福地生活着。

"王后真是一个聪明的人,她既能照顾自己,还能照顾好自己的小鹿弟弟。"明书说。

"确实,愿意照顾好家人,是责任感的体现。王后就是一个很有责任感的人。"我说。

"我也是一个有责任感的人!"明书强调说,"我也把弟弟照顾得很好!我每周都给它洗澡、喂食、梳毛,每天还陪它遛弯儿,我绝对是一个好姐姐。"

我笑着告诉她,她说的一点儿没错,她确实把"弟弟"照顾得很好。

想必大家都猜到了吧?没错,我家有条宠物狗,名字嘛,恰巧叫迪迪,我们都叫它弟弟。

哈尔滨市李明书妈妈 万杰

小朋友,关于这个故事你有什么话要说,写到下面吧!

_____

_____

_____

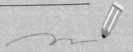

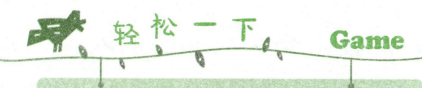

看图猜成语

从下面的汉字中选择能表示图中意思的成语填到空格中。

目	人	心	舌	河	非	苦	瞪
信	干	呆	悬	开	言	择	脸
祸	燥	炙	不	从	口	出	是

答案：信口开河

牧羊女和扫烟囱的人

你曾经看到过一个老木碗柜没有?

它老得有些发黑了。它被放在餐厅里,上面有许多奇奇怪怪的蔓藤花纹,在这些花纹中间雕刻了一个人的全身像。他长得很奇怪,鹿的头,公羊的腿,还留了一把长胡子,大家都叫他羊角将军。

羊角将军总是看着镜子下面的那张桌子,因为桌子上面放着一个用瓷器做的看起来十分美丽的牧羊女。不知是谁为她的鞋子镀上了一层金,在她的衣服上插上了一朵红玫瑰。她还有一根木头做的手杖和一顶金子做成的帽子。

在牧羊女的旁边可以看到一个黑得像焦炭一样的瓷器,他被做成人形,真像是一个"扫烟囱"的人——这只不过是一个比喻而已。

他和牧羊女离得很近,他们便相爱了。

在他们附近还有一个老人,虽然他也是瓷器做的,但他能够点头,当他对一件事情赞同的时候,他会频频地点头。

瓷器老人说自己是牧羊女的祖父,不过他却拿不出证据,但他却觉得自己有权掌管牧羊女一切。

他对牧羊女说:"你已经到了结婚的年纪。要是你愿意,你可以嫁人了。羊角将军已经向我表达了对你的爱慕,他愿意和你结婚。"

"我不愿意到那个黑暗的碗柜里去!"小牧羊女说。

瓷器老人说:"你可知道,他藏了很多好东西,并且还有整整一碗柜的银盘子。"

"可是我听说,他已经有十一个妻子了,难道他还不满足吗?他简直太贪婪了。"

"我倒希望你能成为他的第十二个妻子。"瓷器老人说,"今天晚上,当你听到那个老碗柜嘎吱作响的时候,你们就结婚吧。"说完就去睡觉了。

牧羊女非常不愿意,因为她喜欢的是扫烟囱的人,并且扫烟囱的人也喜欢她。

于是,牧羊女跑到扫烟囱人那里哭着说:"我并不想成为羊角将军的妻子,要是你还喜欢我的话,就带我离开这里吧。"

"那么就让我们一起,从桌子上爬下去,然后逃跑吧。"扫烟囱的人说。

说着,他便顺着桌腿往下爬。牧羊女紧跟

着他。

这时,木碗柜里的碗筷便齐声喊了起来:"他们要逃跑了,他们要逃跑了。"

牧羊女和扫烟囱的人害怕极了,他们慌张地跳到窗台下面的抽屉里。

在抽屉里有几副残缺的纸牌和看起来并不是很大的木偶剧场。

现在,木偶剧场正在演着戏。戏里说的是两个十分相爱的年轻人,最终却没能成为夫妻。

牧羊女看着看着,流下了眼泪,她说:"我可不希望戏里面的故事发生在我身上,我想我们还是快点儿逃出去吧。"

于是,他们从抽屉里跑了出来。这时候,瓷器老人已经醒了,牧羊女说:"我真害怕我们会被祖父追上。"

"你看到不远处的那个花瓶了吗?人们为了避免花枯萎,常常会在里面撒上盐,咱们可以躲到那里面去。要是他们追上来,我们就抓起一把盐撒到他们的眼睛里。"扫烟囱的人说。

"我可不那样认为,那个花瓶曾和瓷器老人订过婚,或许他们现在还有感情呢。要是那样,我们就会更危险了。我觉得我们逃到外面的世界才是唯一的选择。"

"那你做好准备了吗?你真的想好了吗?你想过外面的世界到底有多大吗?"扫烟囱的人问。

"我想我并不需要准备什么,只要你愿意和我在一起就足够了。"牧羊女说。

"要是那样,就请你和我一起钻进炉子里,顺着炉身向上爬,然后从通风口钻出去。只有这样,我们才能顺利地爬到烟囱里,去往外面广阔的世界。"扫烟囱的人说。

当天晚上,扫烟囱的人带着牧羊女来到了炉子口,牧羊女看着炉子口说:"那里面简直太黑了!"

不过她一点儿也不感到害怕,因为在她身

旁站着扫烟囱的人,牧羊女跟着扫烟囱的人穿过炉身,来到了烟囱里面。

天空中的星星为他们带路,他们沿着点点光亮,不断地向上爬。终于他们逃出来了,来到了外面的世界。

牧羊女看着外面陌生的世界害怕极了,她对扫烟囱的人说:"外面的世界太大了,我从没想过外面的世界会是这个样子!或许我并不适合在外面生活。拜托你带我回到屋里面吧。"

扫烟囱的人说:"但愿你想好了,要是我们

回到屋子,恐怕就再也出不来了。"

牧羊女说:"我想我完全想清楚了。"

"既然这样,我只能带你回去了!"

于是,扫烟囱的人只好又带着牧羊女费了很大的力气,从烟囱里爬了回去。

回到屋里,牧羊女才发现瓷器老人在追他们的时候,摔成了碎片。

牧羊女难过地说:"我多么希望我的祖父能好起来,要不是因为我们,祖父也不会摔成这样了。"

扫烟囱的人安慰她说:"祖父一定可以好起来的,就请你别再难过了!"

后来,祖父果然好起来了,他被屋子的主人重新粘了起来。主人为了固定他,还在他的背上钉了一颗钉子,只是瓷器老人再也不能像以前那样,骄傲地点头了。

他对牧羊女说:"要不是我强迫你和那个老碗柜在一起,你们也就不会从屋里逃跑了。我可能就不会摔成碎片了,现在我终于明白了,既然你们是相爱的,那么你们就应该在一起,而不应该被分开,现在你们可以结婚了。

和爸爸、妈妈一起分享

　　瓷器老人做事情的时候，不设身处地为他人着想，用自己的想法，武断地做决定，最终害了自己。

　　生活中同样如此，尤其各位家长，不要觉得自己是孩子们的父母、长辈，就不顾孩子的喜好，将自己的意志强加给孩子。

　　我们不能只用一句"我是为了你好"，就不顾及孩子自己的想法，直接干涉他们的生活。

　　在我与孩子的互动中，我都会尽量让孩子自己做决定，从小事情，例如，今天穿什么衣服；到大事情，例如，长大后学校的报考。我都会尊重他的意见，以他的期望为基础。

　　各位家长们，孩子有自己的人生，请让他们快乐地体验。我们可以适当引导，但是请不要过分干涉。

威海市聂百硕爸爸　聂士远

小朋友，关于这个故事你有什么话要说，写到下面吧！

_____
_____
_____
_____

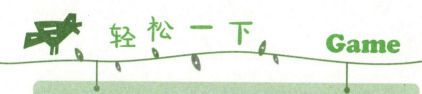

风之谷

翻开以前的老照片,便打开了属于现在和曾经的记忆——风之谷。

风之谷是故乡那个留下风之梦的山谷。

清晨的时候,晨风掠过风之谷,带着号声,唤醒不远处小镇里的人们。风的歌声回荡在山谷里,鸟儿高唱着,围绕着山谷边角上的一抹晨曦,就是在那个时候,我和我的小伙伴们,会背着小书包,一路小跑着,欢叫着,穿过灰灰的青石板街上学去。

晚上的风之谷,又像是另一片地带。尖峰上,是一层紫色的纱,雁和鸦的轻鸣穿过月光,来到你的耳边……

便是在这样的风之谷,叔叔用相机,给我留下了一张相片。记忆因此定格,留住那渐渐模糊的风之谷,和已然远去的童年。

少年小作家 王安忆佳

夜莺

很久以前,在皇帝的御花园中可以看到一只会唱歌的鸟儿,她的名字叫夜莺。

夜莺几乎每天都会站在树枝上唱着动听的歌儿。旅行家们为了让更多的人知道这只鸟儿,不辞辛苦地写了很多文章,一天这些文章被传到了皇帝手中。

看到文章后皇帝吃惊地说:"真是怪事!真是令我感到悲哀,一位皇帝,居然要从别人那里听到自己家里出了什么新鲜事。"

于是,他找来一位大臣,吩咐说:"你见过

夜莺吗？对于这种鸟儿，我的心中充满了好奇，我多么希望你能帮我找到它。"

大臣回答说："您是说夜莺吗？但愿我没有听错，这种鸟儿我根本就没有听说过，尽管这样，我还是会尽力寻找的。"

这位大臣几乎把整个皇宫翻了一遍，却没有看到夜莺。他自言自语地说："夜莺你到底在哪里？你到底是一种怎样的鸟儿？请你快点儿出来！"

一天，这位大臣在厨房里遇到了一个小女孩，小女孩问："您怎么了？为什么愁眉苦脸的？如果可以，我十分愿意为您效劳。"

大臣叹息地问："你见过夜莺吗？我几乎要把整个皇宫掀翻了，可还是没有找到她，你知道她在哪里吗？"

"哦，原来您是因为找不到夜莺，心中才感到难过。要是那样，我倒可以帮助您。"小女孩回答说。

说完，小女孩就带大臣去寻找夜莺了。路上，大臣听到一头牛叫了起来，大臣问："难道这就是夜莺？"

"当然不是了，夜莺长得很小。"小女孩回答说。

不一会儿，他们又遇到了一只青蛙，大臣问："难道它就是夜莺？"

小女孩说："恐怕要令您失望了，它不过是一只青蛙。"

他们来到御花园的一棵树下。树上有一只灰色的鸟儿正在唱着动听的歌儿。小女孩指着这只鸟对大臣说："她就是夜莺了！"

大臣望着夜莺，吃惊地说："哦，天哪，我真是没有想到她就是夜莺，她长得简直太普通了，真是令人难以置信！"

大臣说："皇帝想在今天晚上听到她的歌声，也不知道她是否愿意和我一起去见皇帝？"

"请让我和她说说吧，或许夜莺能接受我的

请求。"小女孩说。

大臣说:"那好吧,就拜托你了。"

"善良的鸟儿,你的歌声总是令人陶醉,你愿意把这动听的歌声带给皇帝吗?"小女孩问。

夜莺回答说:"要是我的歌声能给皇帝带来快乐,我愿意。"

夜晚,王宫里举行了一场盛大的晚会,晚会现场来了许多人,和大臣一起寻找夜莺的那个小女孩也来了。

夜莺像往常一样唱出了动听的歌儿,皇帝

听得很入神,竟然流出了泪水。从此,夜莺只为皇帝一个人唱歌。

为了让夜莺在皇宫里过得舒适,皇帝为夜莺精心准备了鸟笼。尽管皇帝很宠爱夜莺,却限制了它的自由。白天皇帝只允许它出去两次,夜晚皇帝只允许它出去一次。

当夜莺要出去时,皇帝会把一根丝线系在夜莺的脚上,丝线的另一端被一些宫女们握在手里,她们会像放风筝那样让夜莺在天空中飞翔。

令人感到意外的是,没过多久夜莺就受到了冷落。

一天,皇帝得到了一只人造夜莺,敬献的人说:"只要上好发条,它就能够唱出美妙的歌儿。"

"哦,这看起来是个不错的东西,我倒很想听一听它的歌声。"皇帝说。

人造夜莺的歌声也很动听。没过多久,皇帝

便迷恋上了这只人造夜莺。几乎每个夜晚皇帝都会听它唱歌,人造夜莺唱起歌来似乎从来不会感到疲倦。

渐渐地,皇帝再也不来听真夜莺唱歌了,夜莺心里十分难过。于是,它趁机咬断了脚上的细线,飞走了。

然而,这世界上的事情,不会总是如人所期望的那样。在皇帝最爱那只人造夜莺的时候,它坏掉了。

没有了人造夜莺,也没有了真夜莺。皇帝再也不能听到那么动听的歌声了。

没有了歌声陪伴,皇帝很快就病倒了。他难过地说:"要是那只真夜莺愿意回到

我身边该有多好,我多么希望她能再为我唱一支歌。"

日子一天天地过去,皇帝的身体状况越来越糟糕了,就在人们认为皇帝就要去另一个世界的时候,那只真夜莺从很远的地方飞回了王宫,她为皇帝唱出了最动听的歌儿。

"感谢你让我听到这样动听的歌声。"皇帝说。

"可是在很久之前您已经谢过我了。当我第一次为您唱歌时,您眼中流出的泪珠就是最好的答谢。请您睡会儿吧,我会为您再唱一支歌儿。"

于是,夜莺再次唱了起来,在歌声的陪伴下,皇帝很快就进入了梦乡。

第二天清晨,当皇帝醒来时,他感到神志清醒、体力恢复了,太阳从窗子里射进来,照在他的身上,夜莺依旧在为他唱着歌。那些侍从却不见了踪影,原来,他们以为皇帝已经去了另一个世界,所以都到角落里伤心流泪去了。

皇帝对夜莺说:"要是我每天都能听到你的歌声该有多好。"

"尊敬的皇帝,我想那些穷苦的农民和渔夫会比您更需要我的陪伴,不过我一定会再来看望您的。我会用我的歌声,告诉您外面发生的有趣的故事。不过我并不希望别人知道我的存在,要是别人知道我把这世间发生的所有事情告诉您,我恐怕就要遭遇危险了。"夜莺说。

说完,夜莺便飞走了。

就在这时,那些侍从带着眼泪,纷纷回到宫殿。他们以为皇帝已经离开了这个世界,然而当他们走进来时,皇帝正对他们微笑呢。

和爸爸、妈妈一起分享

　　国王拥有夜莺的时候不好好珍惜，失去了才知道后悔。不珍惜事物，这是一个非常不好的习惯。

　　有时我会好奇，真正喜爱一件东西，为什么会不珍惜它呢？不过我的孩子却给我解答了疑惑。

　　我给他从国外带回了最新款变形金刚模型，起初他很开心，每次玩完都会小心收进盒子里。可是几个月后，那个变形金刚就被随处乱扔了。

　　我问他："你为什么不珍惜这个玩具呢？你之前是那么喜欢它。"

　　他说："因为我发现它没那么有趣了，而且，现在又有新款了。"

　　是因为没有吸引力了吗？那如果它是你最后一个玩具，你是否会珍惜它呢？我决定试试看。

青岛市邹志豪爸爸　　邹世山

小朋友，关于这个故事你有什么话要说，写到下面吧！

_____

_____

_____

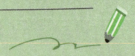

轻松一下 Game

填成语

将下面的字重新组合,组成六个新的成语,写在横线上。

1. 水灰日重长情意复木龙如非夕昔合度语比投燃车死今心年

车_____ 死_____ 情_____
度_____ 语_____ 今_____

2. 漫争微谋劳言轻说智秒心分舟人短不经顿车长足话多

漫_____ 争_____ 人_____
足_____ 舟_____ 长_____

答案:1.车水马龙 死灰复燃 情投意合 度日如年 语重心长 今非昔比

2.漫不经心 争分夺秒 人微言轻 足智多谋 舟车劳顿 长话短说

水晶鞋的秘密

从前,有个女孩长得十分漂亮,他的父亲是一个商人,父亲和母亲对她十分疼爱,女孩在家中一直过着幸福的生活。

就在女孩沉浸在幸福之中的时候,她的母亲突然病倒了,没过多久便去了天国。

女孩的母亲在生命的最后一刻,对女孩说:"可怜的孩子,我恐怕再也不能照顾你了,上帝会眷顾你的,我多么希望你能成为一个善良而虔诚的人。"

母亲过世后,女孩十分难过,她几乎每天

都要来到母亲的坟前哭泣一番。

过了几年,女孩的父亲又娶了一位妻子。这位妻子也就是女孩的继母,带着两个美丽却恶毒的女儿,来到了女孩的家。

自从她们母女三人进门之后,善良的小女孩就开始受苦了。她们脱去她漂亮的衣服,不让她进餐厅吃饭,只扔给她一件又破又烂的灰布裙子,把她赶到厨房里去了。可怜的女孩每天很早就起来干活,直到天黑下来才能休息。

女孩干了一天的活,已经很累了,继母的两个女儿却不允许她上床休息,让她睡在灰堆里。

没过多久,女孩的脸上、衣服上便沾满了灰尘,继母的女儿嘲笑她说:"你就叫灰姑娘吧。"

有一天,灰姑娘的父亲有事要到城里去,他问妻子的两个女儿想要点什么。她们一个说想要几件漂亮的衣服,一个说想要一些珍珠和钻石饰品。

父亲又问自己的女儿想要什么。灰姑娘回答说:"亲爱的父亲,我希望得到在您回家路上碰到您帽子的第一根树枝。"

父亲从城里回来时给妻子的两个女儿带回了衣服、珍珠和钻石,给灰姑娘带回了一根榛树枝。

"亲爱的父亲,感谢您。"灰姑娘说完,便将树枝插在了母亲的坟前。她悲伤地哭了起来,也许是因为灰姑娘的眼泪源源不断地浇灌,榛树枝竟然长成了一棵小树。

一天,当灰姑娘在树下祷告时,有一只小白鸽从远处飞来,当他知道灰姑娘的遭遇后,特别同情灰姑娘。

灰姑娘说:"我现在的生活太痛苦了,我

真希望能早日摆脱,你能帮助我吗?"

小白鸽告诉她:"用不了多久,你的机会就会来了。你会梦想成真的。"

一个月后,国王为了给自己的儿子——年轻英俊的王子选择未婚妻,准备举办一个为期三天的盛大舞会,王国中每一位女孩都收到了邀请。

继母的两个女孩拿到请柬后,万分开心,她们对灰姑娘说:"灰姑娘,快出来帮我们把头发梳好,把鞋子擦干净。"

灰姑娘哀求继母允许她也去参加舞会,可继母却说:"你身上沾满了灰尘,连一件漂亮的衣服、一双精致的鞋子都没有,我看你还是待在家里算了。"

灰姑娘不愿放弃,继续哀求继母,继母听得很烦,只好把一盘豌豆倒进灰堆里,对灰姑娘说:"要是你想去参加舞会,就必须在两个小时之内,把豆子从灰堆里拣出来,要是你拣不出来,可就不要怪我了。"

灰姑娘知道依靠她自己,无法完成继母的要求。于是,她偷偷地从后门溜了出来,来到园子里喊道:"小鸟们,请飞过来,帮我拣出豆子。"

小鸟们听到灰姑娘的话纷纷从窗子飞到厨房里,帮助灰姑娘拣豆子,没过多久,便把豆子拣了出来。

灰姑娘端着从灰堆里拣出的豆子去找她的继母,可继母却说:"你连一件漂亮的衣服都没有,我真担心你会给我们丢脸。你浑身上下沾满了灰尘,恐怕连王宫的大门都进不去。"

说完,继母便带着自己的两个女儿去王宫了。

灰姑娘难过地来到榛树下,对小白鸽说出了她的苦恼。小白鸽说:"美丽的女孩,请不要难过,或许我可以帮你。"

说完,小白鸽送给了灰姑娘一套金银制成的礼服和一双水晶鞋。灰姑娘道了谢,穿上礼服

和水晶鞋。小白鸽对灰姑娘说:"你一定要在夜里十二点前将衣服和鞋子送回来。"

灰姑娘记住了小白鸽的话,坐上了小白鸽为她准备的南瓜车,来到了舞会上。

灰姑娘吸引了所有人的目光,王子也拉着她的手和她跳起舞来。舞会一直进行到深夜,灰姑娘一直沉浸在美妙的音乐中,当她想起小白鸽的话时,时间已经快到十二点了。

灰姑娘趁王子不注意,悄悄地溜走,坐上南瓜车回家了。当继母和两个姐姐回来时,灰姑娘已经穿着又破又脏的旧衣服躺在灰堆边上了。

　　第二天,当舞会又要开始时,两个打扮得更妖艳的姐姐已经往皇宫奔去了。小白鸽为灰姑娘带来了一套比前一天那套更加漂亮的礼服。当灰姑娘又来到舞会大厅时,她的美丽使所有的人都惊讶不已。一直在等待她的王子立即上前挽着她的手,请她跳起舞来。到了深夜快十二点时,灰姑娘就离开了。当继母和两个姐姐回到厨房来看时,灰姑娘和平时一样正躺在灰烬里。

　　第三天,当继母和两个姐妹出门后,小白鸽又带来了一套比第二天那套更加漂亮的礼服和一双更加晶莹剔透的水晶舞鞋。当灰姑娘赶到舞会现场时,大家都被她那无法用语言表达的美给惊呆了。王子只与她一个人跳舞跳到午夜,灰姑娘又要回家了,由于走得过于匆忙,她竟把左脚的水晶鞋失落在了楼梯上。

　　王子将水晶鞋捡起来,决心通过它,找到

和自己跳舞的姑娘。他带着水晶鞋让全国的姑娘试穿,可是没有找到一个能穿上这只水晶鞋的姑娘。

王子来到灰姑娘家,灰姑娘的大姐拿起鞋子试了试,发现大脚指太长,塞不进鞋子。

她的母亲看着女儿说:"快把你的大脚指头砍下来,那样你就可以穿上水晶鞋,成为王后了。"

于是,灰姑娘的大姐狠下心,砍下脚指,忍痛穿上鞋子。王子看到她穿上鞋子,以为她就是和自己跳舞的姑娘,便把她扶上马车,想要把她带回王宫。

当她们从灰姑娘母亲的坟前经过时,树上的白鸽说:"快回去,亲爱的王子,这不是你的新娘,真正的新娘还在家里呢。"

王子低下头来看了看女孩的水晶鞋,发现她的脚正在流血。

王子只好再一次来到了灰姑娘的家,对灰

姑娘的父亲和继母说:"这个新娘是假的。"

灰姑娘的继母听到王子这样说,只好让二女儿出来试鞋,二女儿拿起鞋子试了试,发现脚后跟太大,塞不进去。

继母对她说:"快把脚后跟砍下来,那样你就可以穿上水晶鞋成为王后了。"

于是,她的二女儿狠下心,砍掉了脚后跟,忍痛穿上水晶鞋出来见王子。

王子看到她穿上了水晶鞋,心想:"她一定就是曾经和我跳舞的姑娘了。"没有任何怀疑,王子把她扶上马车,往王宫的方向走去。

当他们再次经过灰姑娘母亲的坟前时,树上的小白鸽又说:"快回去,尊敬的王子,这不是你的新娘,真正的新娘还在家里呢。"

王子低头看了看女孩的水晶鞋,发现女孩的脚后跟正在流血。王子只好又回到灰姑娘家,对灰姑娘的父亲和继母说:"这个新娘也不是真的,难道你们家没有别的女孩了吗?"

灰姑娘的父亲回答说:"还有一个灰姑娘,她一定不会是新娘。"可王子却十分想要见一见这位姑娘,于是他大声喊:"灰姑娘,你到底在哪里?请你出来。"

继母说:"灰姑娘看起来很脏,恐怕你看了会失望的。"

王子毫不在意,他依旧坚持让灰姑娘出来。

灰姑娘听到王子的呼唤,连忙洗去手上和脸上的灰尘,换上一身干净衣服,出来见王子。

她拿起水晶鞋试了试,发现鞋子穿在脚上既不大也不小,刚好合适。

王子走上前仔细看清楚了灰姑娘的脸后,认出了她,兴奋地说:"你就是我要找的姑娘,你就是我的新娘。"

王子带着灰姑娘回王宫,经过灰姑娘母亲的坟前时,树上的小白鸽说:"王子,这才是你的新娘。"

王子终于找到了他的新娘,并把她带回了王宫,和她举办了盛大的婚礼。

和爸爸、妈妈一起分享

　　回家后,我把故事讲给了我的女儿听,她惊奇地说:"妈妈,原来灰姑娘长得这么美呀。"

　　我说:"是呀,灰姑娘不但外表长得很美,内心更美,妈妈希望你成为一个善良的人。"

　　"那么到底怎样的人才能称得上是一个善良的人呢?"女儿问。

　　我回答说:"孩子,善良的含义有很多,你还小,你只要做到和同学和睦相处;不嘲笑、不欺负同学,在日常生活中尽自己所能去帮助他人就足够了。"

　　听完我的话,女儿说:"原来善良很简单呀。"

　　我说:"善良的确很简单,可是要付诸行动才可以。"

天津市任玥妈妈　张立坤

小朋友,关于这个故事你有什么话要说,写到下面吧!

_____

_____

_____

轻松一下 Game

汉字变变变

下面是"九"字,请同学们想一想,"九"字做如下变化后,都会成为什么字。

九

1. 九字变动一笔之后会变成什么字?
2. 九字加一笔之后会变成什么字?
3. 九字加个偏旁都会变成什么字?
4. 九字加个日字都会变成什么字?
5. 九字加一个字都会变成什么字?

参考答案:1.几, 2.为, 3.个、轨, 4.旭, 5.尾、杂、染、艺、旯

井边的牧鹅女

从前,在大森林里住着一个老婆婆,她养了一群鹅。每天清晨老婆婆都要上山割一些草回来喂鹅,顺便还会摘些野果作为自己的食物。

一天,她在山上割完草、采摘完野果正准备回家时,看见一位伯爵从远处走来。老婆婆对伯爵说:"先生,你愿意帮我把这些东西背回家吗?"

伯爵回答说:"十分愿意为您效劳。"

"我真高兴你愿意帮助我,恐怕要辛苦你走

一个小时的路。"老婆婆说。

伯爵听到老婆婆说要走一个小时的路,心中不禁有些犹豫。可老婆婆却丝毫不顾及伯爵的感受,毫不犹豫地把草放到了伯爵的背上,把装着野果的篮子放在了伯爵的手腕上,微笑着说:"我倒认为这些东西对你来说算不上是什么负担。"

伯爵说:"这些草重得就像石头一样,野果的分量也不轻,好像被灌了铅一般。"

就在伯爵想要把东西放在地上的时候,老婆婆说:"难道你只会说漂亮话,却什么也做不到吗?快走吧,这里不会有人能帮助你。"伯爵很无奈,只好向前走去。

走着走着,伯爵对老婆婆说:"我累了,需要休息一下。"

老婆婆回答说:"现在还不是时候,等你到了我家才可以休息。"

听到老婆婆的话,伯爵生气地说:"老婆婆,您一点儿也不讲道理。"伯爵试着把身上背的东西放在地上,可那些东西无论怎样都拿不下来,伯爵着急地到处乱转。

老婆婆看到伯爵的样子哈哈大笑起来,说:"尊敬的先生,请不要生气,我一定会给你报酬的。"

忽然,她纵身一跳,一下子就跳到了伯爵的背上,伯爵背上的重量顿时增加了一倍。

伯爵依旧不能让老婆婆从他背上下去,只能愁眉苦脸地继续走,不知过了多久,终于来到了老婆婆的家。

到了老婆婆的家,伯爵看见了一个很丑的牧鹅归来的女孩。牧鹅女扎着两个花白的辫子,眼睛很小,脸上还长着斑。老婆婆送给伯爵一个镶有绿宝石的盒子作为报酬。伯爵拿着盒子,离开了老婆婆家。

回去后,伯爵来到王宫把绿宝石盒子献给了王后。

王后看到盒子后吃惊地说:"你一定想不到吧,尽管我过着十分富有的生活,心中却充满了悲伤。原来我有三个女儿,其中最小的女儿长得最美丽,每当她哭泣的时候,眼睛里流出的是珍珠,而不是眼泪。她十五岁的时候,因为一点儿小事被国王赶到了森林里,没有人能想到因为小女儿的离开,我的内心承受着怎样的煎熬。"

王后调整了一下情绪,继续说:"这个盒子上面镶嵌的珍珠,和我女儿眼睛里流出来的珍

珠眼泪一模一样。你愿意告诉我,你是怎样得到这个盒子的吗?"

"尊敬的王后,我十分愿意告诉您这个盒子的来历。这个盒子是一个住在森林里的老婆婆送给我的。"伯爵回答道。

不久,国王也知道了这件事,国王问伯爵:"老婆婆的家距离这里很远吗?你愿意带我们去寻找那位老婆婆吗?"

"十分愿意为您效劳。"伯爵说。

于是,国王、王后以及伯爵一起出了王宫,准备到森林里去找那个老婆婆。夜里,伯爵在森林里掉了队,只好一个人继续朝前走。第二天,他才找到了那条上山的路,一直走到天黑才爬到一棵树上,准备在那儿过夜。

国王和王后与伯爵走散后,找了一天也没找到老婆婆家,夜晚,他们在一户农家休息着,准备明天继续寻找。

此时,那位老婆婆正在屋里纺线,她的女儿赶着一群鹅刚从外面回来。

老婆婆见到牧鹅女一句话也没有说,只是微微地点了一下头,牧鹅女默默地从老婆婆手里接过纺锤,像往常一样开始纺线。

转眼间,两个小时过去了,窗外的猫头鹰叫了起来,老婆婆对牧鹅女说:"女儿,现在你可以去做你想要做的事情了。"

牧鹅女听完老婆婆的话,便走出了屋子。她穿过草地,来到山谷中一棵老橡树下,在树的旁边有一口井,她把脸上的面皮和头上花白的假辫子摘下来。然后用井里的水洗脸。

随后,女孩又把面皮浸到水里,简单清洗着面皮,清洗完放在草地上晾干。

摘下面皮的女孩,露出了原本的面容,原

来她是那么美丽。她披着长长的金发，一双大眼睛像星星一样明亮，脸颊像盛开的鲜花一样美丽。

然而，美丽的牧鹅女却十分难过，她的眼泪好似一颗颗断了线的珍珠一般掉落下来。

忽然，她听到树林里发出了什么声响，牧鹅女急忙戴上面皮和假发，起身回到老婆婆的家。

这一切完全被那位准备在树上过夜的伯爵看在了眼里，发现牧鹅女是那样美丽的一个女孩，他心中很吃惊。

就在他想再多看牧鹅女一眼的时候，牧鹅女转身离开了。牧鹅女刚一离开，伯爵便从树上爬了下来，他多想看看牧鹅女到底去了哪里。

伯爵寻找着女孩的身影，却遇到了在农家休息的国王和王后。他把自己看到的一切告诉了他们。

听到伯爵的话,国王和王后走得更快了。他们来到了老婆婆的家,看到老婆婆家里正亮着灯,国王和王后走上前去,轻轻地敲了敲老婆婆家的门。

老婆婆打开门,和蔼地说:"进来吧,我知道你们来的目的,我已经等你们很久了。"

说完,老婆婆又走到牧鹅女的屋子前,喊道:"出来吧,我的女儿,你的爸爸妈妈来接你了。"老婆婆话刚说完,牧鹅女便打开了门,只见一个披着金发、长着一双大眼睛、皮肤白皙的女孩从屋里走了出来。

老婆婆对国王和王后说:"这就是美丽的公主,你们的女儿。"

伯爵看到眼前这个漂亮的女孩,很吃惊,心想:"这怎么和我看到的那个女孩完全不一样呢?"

老婆婆看出了伯爵的疑惑,便对伯爵说公主是为了保护自己,才把自己打扮得很丑陋。

随后,牧鹅女走到了父母面前,国王和王后看见心爱的女儿,和她紧紧相拥在一起,高兴地哭了起来。

后来,美丽的公主和伯爵结婚了,过着美满幸福的生活,一直到老。

和爸爸、妈妈一起分享

今天我读到了牧鹅女这篇故事,并且还把故事讲给了我的好朋友们。

有的男生说,牧鹅女好漂亮啊;有的女生说,伯爵一定也很英俊;有的人说,国王和王后真不应该把牧鹅女赶到森林里,这实在太危险了;当然也有的人说,眼泪能变珍珠,牧鹅女真是赚翻了。

可是我和他们的想法都不一样!难道没有人觉得牧鹅女离开自己的父母,在森林中生活得很孤单吗?为了保护自己,她只好戴着面皮,好可怜啊!不过,我也应该向她学习,学习自己生活的能力。

齐齐哈尔市小学生　王雨航

小朋友,关于这个故事你有什么话要说,写到下面吧!

_____

_____

_____

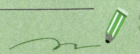

连一连

请你将下面小动物的名字与它们相对应的英语连起来。

老虎	Lion	猪	Wolf
狮子	Cat	公鸡	Pig
鹿	Deer	蛇	Mouse
猴子	Dog	兔子	Goose
大象	Tiger	青蛙	Frog
马	Ox	鸭子	Zebra
熊	Elephant	鹅	Rabbit
牛	Horse	狐狸	Fox
绵羊	Monkey	熊猫	Snake
狗	Bear	斑马	Duck
骆驼	Sheep	老鼠	Panda
猫	Camel	狼	Cock

文字来找茬

仔细观察下面的文字,然后组词。

拉（　　）　　低（　　）
垃（　　）　　底（　　）

线（　　）　　论（　　）
钱（　　）　　轮（　　）
浅（　　）　　纶（　　）

陪（　　）　　换（　　）
赔（　　）　　焕（　　）
培（　　）　　涣（　　）
倍（　　）　　唤（　　）

借（　　）　　暗（　　）
错（　　）　　暗（　　）
惜（　　）　　谙（　　）

恶毒的王子

很久以前,有一位王子恶毒而傲慢,他率领士兵攻打附近的国家,践踏田野里的麦子、焚烧农民的房屋。人们只要一听到他的名字就感到害怕。

"我是世界上最威武的王子!哈哈哈!"王子大声说。王子利用从其他国家搜刮来的金子建起了金碧辉煌的建筑物,在这些建筑物中有宫殿,也有教堂。

王子的臣民,见到这些高大的建筑物,纷纷说:"王子简直太伟大了。"

听到人们这样说,王子更加骄傲了,他暗暗地想:"要是我能有更多的金子和财富该有多好。"

于是,他带着士兵去攻打更遥远的国家,没过多久,王子再次赢得了胜利。

为了让人们知道自己的厉害,王子乘着车走过被打败的王国的每一条街。他把那些从其他国家俘虏过来的国王系在他的车上,让他们跟在他的车子后面,一起见证他战无不胜的辉煌。

当他和他的大臣用餐时,王子命令那些那些被俘虏来的国王跪在地上,然后扔给他们一些面包屑作为食物。

为了让人们记住他,王子命令工匠雕刻了很多雕像,并把它们矗立在广场上和宫殿的中央。

王子还要求祭司们把他的雕像竖立在教堂里面的神龛前,祭司们说:"王子,尽管您已

经很厉害、很伟大了,可是上帝他比您更伟大,所以我们不可以那样做。"

王子说:"要是那样,我现在就去把上帝打败。"

于是,他命令士兵:"你们现在立即给我建造一艘可以在空中飞行的雄伟大船,我要去攻打上帝。"

一转眼七年时间过去了,船终于被建好了,这艘大船的颜色鲜艳,看起来就像孔雀开屏一样美丽。不仅如此,船上面还嵌着几千门大炮。王子只要稳稳地坐在船的中央,按一下按钮,便会有一千枚炮弹射向远方。

这些大炮永远不会缺少炮弹,因为炮弹被设计成可以自动填充的样式。在船的前面可以看到一些大鹰,足有几百只那么多。

王子坐在船里,骄傲地说:"再过不久,我就要打败上帝,到时候再也不会有人比我更厉害了。"

说完,王子便命令大船朝着太阳的方向飞去了。

船越飞越高,离上帝越来越近了。上帝派出一位天使来和王子作战,王子轻轻地按了一下按钮,船上便有一千颗子弹同时射出。

不过子弹很快就被天使挡了回来,天使的翅膀流下了一滴血,落到了王子的船上。血迅速在船上像火一样燃烧起来,王子乘坐的船被烧毁了。

王子生气地说:"既然我已经把打败上帝这句话说出口了,不管怎样我都要做到。"

于是,他再次命令军队在地上排成一队,准备向上帝发动新一轮的进攻。

上帝见王子丝毫没有悔过之心,只好命令一群蚊子去教训王子。这些小蚊子在王子的周围嗡嗡地叫,王子被气坏了,为了躲避蚊子,他命令部下拿最贵重的帷幔把自己包起来。

尽管王子把自己包裹得很严,但还是有一只蚊子留在了帷幔里,它不停地咬王子。

王子被这只蚊子气得发了疯,不停地追赶这只蚊子,想要拍死它。蚊子跑到帷幔外,王子也扯掉帷幔,一边拍打一边追赶,那样子十分

像在跳滑稽的舞蹈。

　　士兵们看到王子可笑的样子,心里都默默地想:"王子还没有征服上帝,就已经被小小的蚊子征服了。"

和爸爸、妈妈一起分享

"王子真可笑，他怎么会认为自己可以打败上帝呢，上帝不是全知全能的吗？"俊博问。

"是呀，可是王子却认识不到这一点，因为他实在太骄傲自满了。他认为没有人是他不能打败的，没有事情是他不能征服的。"我回答说。

"骄傲自满太可怕了，王子以前那么厉害，就因为骄傲自满，落魄成最后那个样子。"俊博说。

我告诉他，我觉得他说得十分正确，优秀的品质能使人不断完善，而恶劣的品质却会使人滑向失败的深渊。所以，我希望他在以后的生活中，能够多培养好的品质，多克服不好的品质。

俊博听到我的话后，点点头，表示以后会努力做到。听到这话，我觉得很欣慰。

北京市刘俊博妈妈　李雪华

小朋友，关于这个故事你有什么话要说，写到下面吧！

_____
_____
_____
_____

妙填成语

将下面的词语补充完整,然后读一读你所填写的字,发现了什么?

( )善惩恶
( )子之交淡如水
( )阑人静
( )如人意
( )衣带水
( )水车薪
( )足饭饱

( )风落叶
( )生入死
( )春白雪
( )山之隔
( )足轻重
( )土难离
( )尽皆知

将词语填写完整后,出现的是两句古诗:

_____

_____

答案:劝君更进一杯酒,西出阳关无故人。

愚公移山

古时候,有个老头,他的名字叫愚公,愚公的头发和胡子已经变得花白,背也有些驼了,在他家门前矗立着太行和王屋两座大山。

这两座大山挡住了愚公家来往的道路,每次愚公要到外面去,都要越过太行山,每次有客人要来愚公家,都要翻过王屋山,才能到达。

这两座大山足有几千丈高,看着门前的两座大山,愚公很苦恼,他暗暗地想:我到底要怎样才能摆脱这两座大山的困扰,让我和我的家人进出的时候,不再这么不方便?

愚公思索了很久,终于想出了一个主意。

愚公下定决心,对家人说:"太行和王屋两座大山阻挡了我们进出的道路,只有把山搬走,我们在出门时才不需要绕远。你们愿意和我一起努力开凿山石,把山搬走吗?"

他的妻子怀疑地说:"哦,天哪,我真不敢相信我的耳朵,太行和王屋两座大山足有几千丈高,要想把它们搬走一定不会是一件容易的事。即便我们决定开山凿石,那些凿下来的土石,我们又该运到什么地方呢?"

愚公却说:"那些土石我们完全可以把它们运到渤海的边缘。我们不能被这一点点小问题难倒,如果不尝试,又怎会知道我们到底有没有能力把山搬走呢?"

家人都赞同愚公的想法,第二天,愚公便带着家人,扛着锄头,挑着扁担,开始挖山了。

一个叫智叟的老头儿知道了这件事,他对愚公说:"愚公呀!你太糊涂了,这么高的山,真不知道要搬到什么时候,况且你都这么大年纪了,根本搬不完呀。"

愚公笑着说:"虽然我已经很老了,可我还有儿子,儿子还会生孙子,孙子还会再生儿子,我的子孙可以代替我继续挖山。我相信,总有一天,会把这两座山都搬走的。"

智叟不知道如何反驳他,只好走开了。

后来,愚公的精神感动了山神,山神派两个神仙把这两座大山背走了。从此,愚公家门前再也没有高山挡路了。

和爸爸、妈妈一起分享

　　太行、王屋这两座大山足有几千丈那么高，可愚公却凭借着努力，感动了山神，山神派人最终把山搬走了。

　　这让我想到了自己的生活，在生活中我们每天都会遇到困难，有的人挺过去了，取得了成功，有的人在困难面前退缩了，最终一事无成。

　　看了这个故事我不禁在想：如果面临同样的问题，我会选择成为一个勇士，还是一个胆小鬼？

　　我想我会选择挑战！生活是一本无言的书等待着我们去书写，有的人会把它写得很精彩，有的人会把它写得很平淡。

　　挑战自己，不就是书写精彩生活的方式吗？希望我亲爱的儿子，也能在生活这本书上，描绘出独属于我们自己的画卷。

深圳市周天妈妈　曹秀英

小朋友，关于这个故事你有什么话要说，写到下面吧！

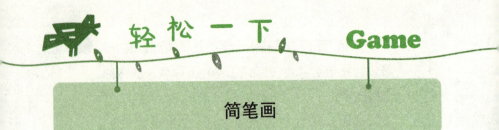

简笔画

同学们,下面的圣诞树是一笔画成的,你能画出来吗?

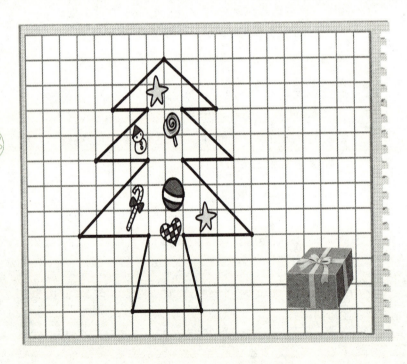

请你仔细观察，然后画在下面的方格中，不要画错哦！

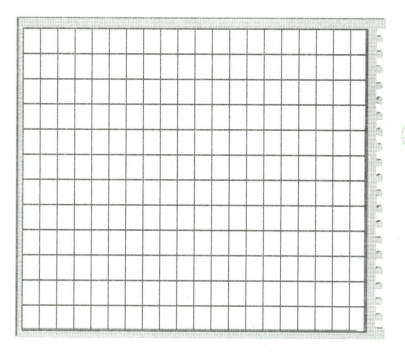

爱的酬劳

瞧,这就是那个美丽的姑娘,她的名字叫杰西卡。杰西卡留着一头棕色的长发,一双眼睛漂亮极了。

杰西卡很早就失去了亲人,独自一个人生活在这个世上。

杰西卡是个勤劳的孩子,她种的花美丽极了。这花便是她的朋友,也是她生活的全部。杰西卡总是让花受到最精心的照料,花儿们每天都开心极了。

杰西卡捧着美丽的花,来到了热闹的城

里。这里的人很多,人们说说笑笑一路走着,马车在路上川流不息。

"愿这些花让我交上好运。"杰西卡自言自语地说。

这时,一位军官从远处走来,看见了杰西卡。他焦急地对她说:"美丽的姑娘,有一个处在危难中的人,需要你的花,但我给不了你很高的报酬,只有一瓶牛奶,你愿意和我交换吗?"

美丽的杰西卡尽管自己的生活也不宽裕,但她还是答应了军官的请求,说:"愿这美丽的花能给危难中的人带来好运,上帝保佑他。"

"仁慈的上帝呀,感谢您让我喝到美味的牛奶。"杰西卡说道。

这瓶牛奶真是神奇,奇迹出现了。

杰西卡惊奇地发现,她能听到花儿们说话了,并且每朵花上都有一个精灵在跳舞。杰西卡大喊着:"天啊!这恐怕就是那可爱的爱尔菲神了吧!"

又过了几天,一只美丽的鸽子飞到了杰西卡的花园中。杰西卡对鸽子说:"可爱的鸽子,你怎么来了?"

"美丽的杰西卡,有一个可怜的人生病了,他需要你所有的花,你愿意把花给他吗?"

"真是个可怜的人,愿这些花使他好起来。"

"美丽的鸽子,那生了病的人住在哪?快带我去见他吧,愿我真诚的祈祷能使他好起来!"杰西卡继续说道。

"美丽的杰西卡,那个生病的人住的地方离这里很远,请你快点儿跟随我启程吧。"鸽子说道。

鸽子带着杰西卡走了很久,终于到了一个地方,杰西卡惊呆了。

"这里真是美丽极了,请问这是哪里?"杰西卡问

道。

"这里就是美丽的王宫,王子生病了,需要你的花。"鸽子说完就飞走了。

"仁慈的上帝呀,愿您保佑王子,让他早点好起来。"杰西卡默默地为王子祈祷。

王子醒来后,看到美丽的花朵、漂亮的杰西卡心情好极了,又过了一阵子,王子的身体也好起来了。

王子对杰西卡说:"你真是个美丽又善良的姑娘,感谢你对我的帮助,就请你留下来做我的王妃吧。"

杰西卡害羞地点点头。

"上帝呀,这个善良的杰西卡最终交上了好运,幸福赶来敲开了她的门,上天真是公平!"鸽子开心地说。

和爸爸、妈妈一起分享

我在课堂上给同学们读了《爱的酬劳》这个故事,然后让同学们自己展开讨论。几乎每个同学都谈了自己的感受,他们都认为小女孩在自己并不富有的情况下,能够真心实意地帮助别人,值得他们学习。

随后我将问题引入到同学们的现实生活中:"如何做个善良、有爱心的人呢?"

有的同学说:"做好自己,不给别人带来麻烦,就是做好事。"

有的同学说:"从微不足道的小事做起,比如在公交车上,给老人、小朋友让座。"

还有的同学说:"不要破坏公物,要爱护花草……"

同学们说得都非常好,我希望他们按照他们所说的实实在在地努力做下去,我也希望他们永远都能有一颗善良、仁慈的心。

黑龙江省鸡西市教师　曹庆文